ヒギンズさんが撮った
甲信越・伊豆の私鉄
コダクロームで撮った1950〜70年代の沿線風景

写真：J. Wally Higgins　　所蔵：NPO法人名古屋レール・アーカイブス
解説：安藤 功

◎上田丸子電鉄 モハ4363　下之郷　1959（昭和34）年12月26日

Contents

第1章 新潟県
- 新潟交通 6
- 蒲原鉄道 20
- 栃尾電鉄
  （越後交通栃尾線）...... 30
- 長岡鉄道
  （越後交通長岡線）...... 44
- 頸城鉄道自動車 52

第2章 長野県
- 長野電鉄河東線 66
- 長野電鉄長野線 74
- 長野電鉄山の内線 77
- 上田丸子電鉄真田傍陽線 ... 90
- 上田交通別所線 98
- 上田丸子電鉄西丸子線 ... 108
- 上田丸子電鉄丸子線 112
- 草軽電気鉄道 120
- 関西電力 132
- 松本電気鉄道上高地線 ... 138
- 松本電気鉄道浅間線 146

第3章 山梨県
- 山梨交通 154
- 富士急行 162

第4章 静岡県伊豆地方
- 伊豆箱根鉄道駿豆線 168
- 伊豆箱根鉄道軌道線 178
- 伊豆急行 186

昭和30〜50年代の甲信越・伊豆地方の私鉄

　甲信越・伊豆地方の私鉄は、国鉄線から離れた街を結ぶもの、観光地を目指すもの、市内交通の路面電車の3タイプがあった。路面電車は戦前の古い設備を更新するよりは、整備された道路を走るバスの方が低コストで輸送量もあるので廃止され、離れた街を結ぶ鉄道は、別の路線が出来てその必要を失ったり、道路の整備が進みモータリゼーションが進むと赤字となり廃線となっていった。観光地を目指す鉄道は、1961（昭和36）年の伊豆急行、1964（昭和39）年の関電トンネルバスと高度成長期に開業が続き、現在残っている鉄道は観光地を目指す鉄道となっている。
　（関電トンネルトロリーバスは電気バスに代替）

◎長野電鉄 モハ2005　信濃竹原〜夜間瀬　1963（昭和38）年9月1日

日本交通公社時刻表（昭和40年12月号）

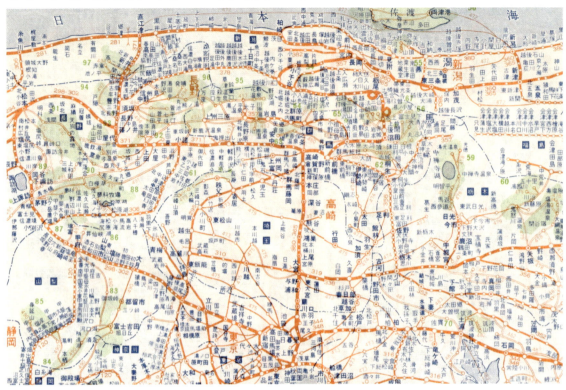

第1章
新潟県

・新潟交通
・蒲原鉄道
・栃尾電鉄（越後交通栃尾線）
・長岡鉄道（越後交通長岡線）
・頸城鉄道自動車

にいがたこうつう

新潟交通

　新潟市内の路面電車の計画は、電力会社の新潟水電（後の新潟電気）が（初代）白山駅〜新潟駅間の軌道を申請し、架替え工事が行われる萬代橋の中央部に路面電車が通せるように5.5mの幅を確保するため資金を出した。

　中ノ口川には蒸気船による船便が運航されていたが、新信濃川（大河津分水）開削による水位低下で運行が困難になったため、その代替輸送路として新潟水力電気が参加して1929（昭和4）年に中ノ口電気鉄道が興され、両電力会社の合併で新潟電力になると新潟電鉄に商号変更し、1933（昭和8）年に県庁前駅〜東関屋駅〜白根駅〜燕駅間が順次開業した。

　戦時中は運輸統制令により新潟合同自動車と合併し1944（昭和19）年に新潟交通となる。さらに路面電車区間内の折返し運行を中止し、電車は戦時輸送が

ひっ迫していた川崎市へ譲渡、鉄道線車両が乗入れるだけになり途中停留所は廃止された。

　都市計画の関係で建設出来ていなかった新潟駅前までの延伸は、計画をトロリーバスに変更し可能性を探っていたが、東関屋駅から国鉄越後線の白山駅（初代）までの廃線跡乗入れ計画を含め資金の問題等で実施には至らず、1958（昭和33）年に軌道の起業廃止届が出された。

　その後は県庁前駅〜燕駅間で運転を続けたが、併用軌道区間は道幅が狭いこともあって地元から廃止を求められ、1992（平成4）年に廃止されバス連絡に変更、利用客が少なかった月潟駅〜燕駅間も1993（平成5）年に廃止。残った東関屋駅〜月潟駅間も1999（平成11）年に廃止されている。

新潟交通沿線地図③

建設省国土地理院「1/50000地形図」
弥彦：昭和44年編集　三条：昭和56年修正

新潟交通沿線地図②

建設省国土地理院「1/50000地形図」
新津：昭和55年修正　弥彦：昭和44年編集

新潟交通沿線地図①

建設省国土地理院「1/50000地形図」
新潟：昭和45年編集

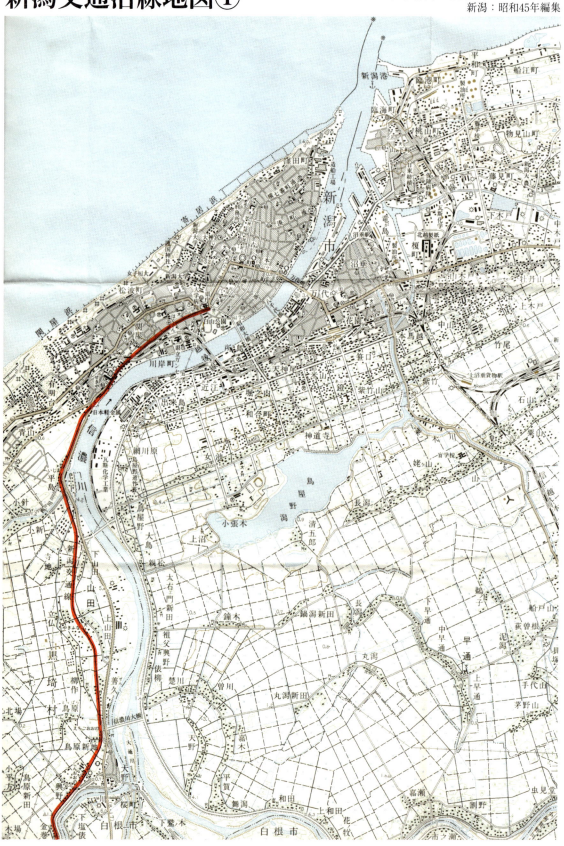

県庁前

1932（昭和7）年竣工の新潟県庁の横を通り県庁前駅に到着する。先頭のモハ21は開業時に用意したモハ13を、1967（昭和42）年に日本車輌標準車体に載せ替えたもの。新潟交通向けは正面2枚窓非貫通・ドアステップ付きの仕様になっている。クハ46は戦時中に用意したクハ34を、1967（昭和42）年に小田急デハ1408の車体に載せ替えたもの、クハ37は国鉄キハ41080の改造（18ページ参照）
◎モハ21＋クハ46＋クハ37　県庁前　1970（昭和45）年5月16日

県庁前駅を出発する。奥の茶色の建物が駅舎で、新潟駅前まで路面電車が延伸した際は駅舎北（写真左）側に線路が敷かれる予定だった。右側に見える建物は白山神社、駅舎横には当時新潟でたくさん走っていたキャブオーバーバスが見えている。◎クハ36　県庁前　1958（昭和33）年7月5日

モハ11形とクハ34形の編成が鉄軌分界点を過ぎて路面に出る所。この時期モハ11形はクハ31～35と組んで運用されていた。この先の軌道区間は、1951（昭和26）年に廃止された国鉄越後線の関屋駅～（初代）白山駅間を購入して移設する計画もあったが、費用の点で実施されなかった。
◎クハ34形　県庁前～東関屋　1958（昭和33）年7月5日

県庁前〜東関屋

県庁前駅西側の併用軌道区間。後ろの建物が新潟県庁。併用軌道区間は旧・北陸道に敷かれ、途中に6カ所の停留所も置かれたが、1944（昭和19）年から鉄道線車両の直通に変わり、途中停留所は廃止されている。道幅が狭かったので併用軌道区間では廃止の要望が出されていた。
◎クハ36　県庁前〜東関屋　1958（昭和33）年7月5日

東関屋

東関屋駅は新潟側鉄道線の終端の駅で、貨物側線や車庫があり規模が大きかった。写真右側の無蓋車が停まっている線路は、1944（昭和19）年まで運転されていた市内線折返し用の低床ホーム。電車のクハ34形34〜35は、1944（昭和19）年に2両造られた日本鉄道自動車製の半鋼製車。市内線折返し用電車モハ1形2両を川崎市へ送る代替で新製された。
◎クハ34形
東関屋
1958（昭和33）年7月5日

モハ11形は、新潟電鉄が開業時の1933（昭和8）年に日本車輌東京支店で11～15が製造された。11～14は鉄道線所属で軌道線乗入れ認可を、15は軌道線所属で鉄道線乗入れ認可を得ているが、法的な手続きだけで区別されずに運用される。軌道線が1945（昭和20）年に架線電圧を1500Vに昇圧する前は600Vとの複電圧車となっていた。後ろは東武デハ2形が出自のモハ18（18ページ上の写真）、右側の電車は元・伊那電気鉄道（現・JR飯田線）のデ120形が出自のモハ16。
◎モハ11
県庁前～東関屋
1958（昭和33）年7月5日

木場

木場駅は中ノ口川堤防に近い所に位置するが、駅名の由来となった木場の部落は駅の西側にあるため、駅舎も線路の西側にある。貨物側線と貨車も見えるが、1958（昭和33）年に貨物扱いは廃止された。電車のクハ31は、1933（昭和8）年日本車輌東京支店製で、新潟電鉄開業時に用意された。車長12m級の小型車のため、1968（昭和43）年に小田急から購入した車体に振替えられ、クハ47に改造された（16ページ参照）
◎クハ31　木場　1957（昭和32）年2月10日

七穂

七穂駅を出発する県庁前行き。駅は中ノ口川堤防の内側に位置しており、右側の擁壁が堤防で、ここに根岸橋が架かっている。現在駅跡にはこの橋に続く道路のスロープが出来た。新潟交通では木造車だったモハ19（東武鉄道デハ6）を1960（昭和35）年に日本車輌標準車体で鋼体化改造を行ったが、それに続き開業時に製造されたモハ11形5両も更新対象となり、モハ10形11は、旧モハ14の改造名義で1966（昭和41）年に登場している。このグループは種車の関係で形式はまちまちだが8両が作られ、小田急HB車の車体と振替えたクハ45形と編成を組むのが標準となった。
◎モハ11　七穂　1970（昭和45）年5月16日

越後大野

越後大野駅ですれ違う県庁前行き電車を、対向電車の後部から。大野の街は中ノ口川と信濃川本流が合流する左岸にあり、駅は街の北外れに設けられた。クハ48は、クハ32の車体を小田急デハ1400形1412（出自は1929（昭和4）年川崎車輌製、小田原急行鉄道201形212）の車体と交換したもの。
◎クハ48　越後大野　1970（昭和45）年5月16日

月潟

中ノ口川堤防上にある月潟駅で貨物列車と交換する。新潟交通の貨物列車は1982（昭和57）年まで運転されていた。牽引するモワ51は、1933（昭和8）年日本車輌東京支店製。開業時に用意され、燕駅〜東関屋駅間の貨物牽引のため電車より高出力・歯車比を上げて牽引力を増している。
◎モワ51
月潟
1970（昭和45）年5月16日

白根

白根駅は白根市（現・新潟市南区）の最寄り駅だが、市街地は中ノ口川の右岸にあり、左岸にあった駅とは白根橋で結ばれていた。白根のお祭りの白根大凧合戦の際は、電車線の上にも凧が落ち電車を止めることもあったという。クハ47は、14ページのクハ31の車体を小田急4000形新造時に余剰になったデハ1400形1414（出自は1929（昭和4）年川崎車輌製、小田原急行鉄道201形214）の車体と交換したもの。
◎クハ47
白根
1970（昭和45）年5月16日

灰方

燕駅を西向きで出発した電車は90度曲がって北に進み、灰方駅の手前でまた90度曲がり、東方向を向いて駅に到着した。当初はホーム１面１線に貨物側線の駅だったが、1948（昭和23）年に左側の線路とホームが増設され交換駅となった。電車のクハ40の出自は、1925（大正14）年日本車輌製の東武鉄道デハ２形９で、シングルルーフの半鋼製車。国鉄63形導入に伴う供出車として1948（昭和23）年にモハ18として入線し、1962（昭和37）年に制御車化されたもの。撮影の年に小田急からの車体に載せ替えられクハ50に改造される。
◎クハ40
灰方
1970（昭和45）年５月16日

燕

燕駅は国鉄燕駅と共同使用駅で、弥彦線とホームを共用していた。右側の線路が国鉄弥彦線、真ん中の線路が新潟交通のホームにつながり、電車が停まっている線路はホーム東側の留置線。新潟交通線と国鉄線直通貨車は燕駅で授受されるため線路が繋がっている。クハ37は、1934(昭和9)年新潟鐵工所製の国鉄キハ41080が戦時中に廃車となり、その廃車体を譲受け1952(昭和27)年に釣合梁式の台車を付けて電車の制御車として落成した。後ろはクハ36で、1947(昭和22)年に日本鉄道自動車でモハ16(初代)として完成、車体長12m級の半流線形車体を持つが終戦直後の製造で状態は悪く、蒲原鉄道への譲渡の話も流れて、1950(昭和25)年に早々と制御車化されたもの。
◎クハ37+クハ36
燕
1957(昭和32)年2月10日

かんばらてつどう

蒲原鉄道

　村松町は村松藩の城下町で、明治に入って大日本帝国陸軍歩兵第30連隊の駐屯地となったが、北越鉄道(現・JR信越本線)・岩越鉄道(現・JR磐越西線)のルートから外れてしまっていた。そのため鉄道を通す計画が持ち上がり、紆余曲折があったが五泉駅から村松を通り鉄鉱山があった川内村までの免許を申請、1920(大正9)年に取得した。

　しかし免許取得時期は第一次世界大戦後の不況であり鉱山も事業を縮小したため、計画を五泉駅〜村松に改め1922(大正11)年に蒲原鉄道を設立、1923(大正12)年に五泉駅〜村松駅間が開業した。蒲原鉄道は新潟水力電気が協力して県内初の電化鉄道となり、続いて加茂駅までの延長の免許を取得。1930(昭和5)年に村松駅〜東加茂駅・加茂駅間が開業した。

　五泉駅〜村松駅間は人口も多く輸送は堅調だったが、村松駅〜加茂駅間は山越えの人口希薄地帯であり、直通旅客も想定ほど多くなく苦戦した。昭和40年代に入るとモータリゼーションが進み乗客が減少、交換駅の見直しや駅の無人化、電車のワンマン化など合理化を進めたが、1985(昭和60)年に県道拡幅を機に村松駅〜加茂駅間を廃止しバス化。残る区間で営業を続けたが1999(平成11)年に全線が廃止となった。

冬鳥越駅には隣接して直営の冬鳥越スキーがあった。ホーム南側がすぐゲレンデで、現在は加茂市冬鳥越スキーガーデンとして営業している。◎冬鳥越　1958(昭和33)年7月5日

蒲原鉄道沿線地図

建設省国土地理院「1/50000地形図」
新津：昭和55年修正　加茂：昭和54年修正

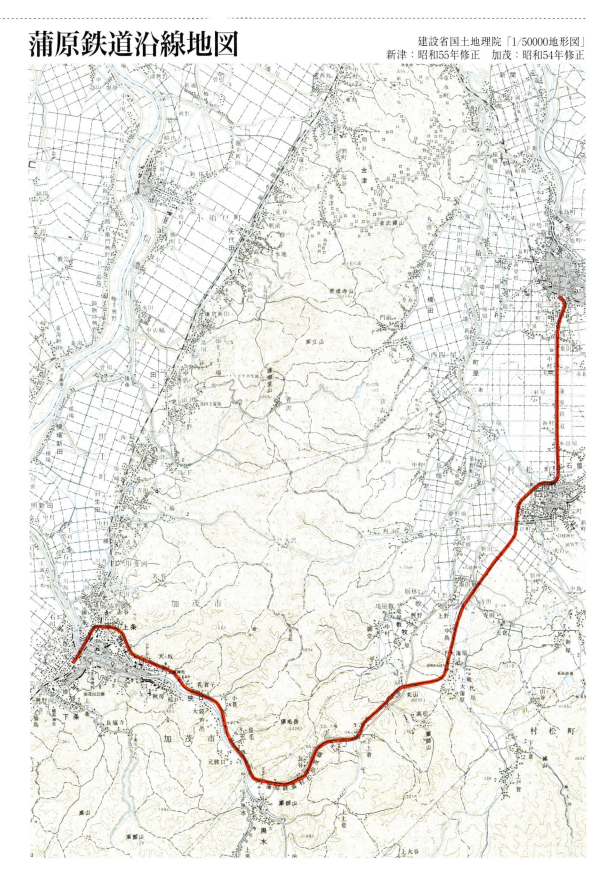

五泉

国鉄五泉駅とは共同使用駅で、国鉄ホームの南側に蒲原鉄道のホームがあった。電車のモハ41はモハ13の改造名義で、1954(昭和29)年に東京電気工業の出張工事で車体を新製し、モハ13の台車・モーターを使って完成した。完成当時は26ページ下の写真のように2扉だったが、1963(昭和38)年に西武所沢工場で車体延長工事を受け3扉車となった。
◎モハ41　五泉　1970(昭和45)年5月16日

村松

村松駅の留置線を本線走行中の電車から。左側の電車はモハ11形11で、1930（昭和5）年日本車輌製の12m級小型ボギー車が、加茂延長用に3両が用意された。右側のクハ10は、1935（昭和10）年川崎車輌製の国鉄キハ41120を、1950（昭和25）年に譲受け制御車化したもの。1961（昭和36）年に西武所沢工場で不燃化工事をあわせ車体更新、正面を3枚窓化・片運転台化・貫通路取付けが行われた。
◎モハ11　クハ10　村松　1970（昭和45）年5月16日

村松

村松駅の留置線、モハ51は1930（昭和5）年日本車輌製のモハ11形13として製造され、モハ41を製造の際に台車・モーターを供出した代わりに、開業時の1923（大正12）年に用意したモハ2の物に交換したため、モハ2の改造扱いになっている。後ろの車両のモハ21は、名古屋鉄道モ455を1947（昭和22）年に譲り受けたデ101を改番したもの。出自は1926（大正15）年日本車輌製の各務原鉄道（現・名鉄各務原線）K1-BE形5。後ろのクハ10は、更新前の国鉄キハ41000形オリジナルの姿。
◎モハ51　モハ21　クハ10
村松
1958（昭和33）年7月5日

ＥＤ１は全線開業にあわせ1930（昭和５）年に日本車輌で製造した25t電気機関車。電装品も東洋電機製で55kwモーターを４個装備。新製時の形式はＥＬ番号１だったが、1952（昭和27）年に称号改正で形式ＥＤ番号１となった。1957（昭和32）年の定期貨物列車廃止以降は、臨時貨物や冬季除雪で使われている。
◎ＥＤ１
村松
1958（昭和33）年７月５日

蒲原鉄道　車内乗車券　106号　冊No.292		No.0048			
発	駅　名	着	運　賃	月	日
	五　泉		10	70	1	1
	今　泉		15	75	2	2
	村　松		20	80	3	3
	西村松		25	85	4	4
	寺　田		30	90	5	5
	大蒲原		35	95	6	6
	高　松		40	100	7	7
	土　倉		45	105	8	8
	冬鳥越		50	110	9	9
	七　谷		55	120	10	10
	狭　口		60	130	11	20
	駒　岡		65	140	12	30
	東加茂		割引		小児
	陣ヶ峰		通用発売当日限り		
	加　茂		下車前途無効		

村松

村松駅ホームの北端から、五泉行きのモハ12が出発していく。24ページ下の写真はこの写真左側から、右側の留置線は24ページ上の写真、23ページの写真は同じ場所の12年後の姿。のちに写真右端の部分はバスの車庫が新設され、次第にバス部門が主力になっていった。
◎モハ12
村松
1958(昭和33)年7月5日

土倉

土倉駅に到着する加茂行き。ホームの端が写真右端に見えている。高松駅〜土倉駅〜冬鳥越駅間は峠越えのため、牧川に沿って築堤が築かれ高度を稼いだ。電車はモハ41で、22ページの電車と同じだが、1963(昭和38)年に車体延長・3扉化される前の姿。車内中央部がクロスシートになっているのが判る。
◎モハ41
土倉
1958(昭和33)年7月5日

七谷

冬鳥越駅から長谷川沿いに下り七谷駅へ出る。この先は加茂川沿いに下っていく。駅は地形の関係で、七谷村中心部より北に離れた位置に設けられたが、交換設備と貨物側線を持つ。1957(昭和32)年に定期貨物列車が廃止されたあとは、不定期で電車が貨車を牽引した。七谷村は明治時代の町村制実施の時に加茂川沿いの村が合併して誕生した村で、駅名となった。
◎モハ11
七谷
1958(昭和33)年7月5日

冬鳥越

冬鳥越駅ホームの端から、加茂行きが到着する。土倉駅を出ると牧川を渡り、短い冬鳥越隧道で峠を越え冬鳥越駅に着く。電車はモハ11形12で加茂延長用に用意した電車だが、小型車でまかなえる程の旅客需要しかなかった。
◎モハ12
冬鳥越
1958(昭和33)年7月5日

とちおでんてつ（えちごこうつうとちおせん）

栃尾電鉄（越後交通栃尾線）

　栃尾鉄道は長岡と繋がりが強かったにも関わらず冬季は直接峠を越えられなかった栃尾を結ぶ鉄道として、また沿線の東山油田で産出する原油輸送のため計画され、1915（大正4）年2月に浦瀬駅〜栃尾駅間が、6月に下長岡駅〜浦瀬駅間が開業する。

　1916（大正5）年に長岡駅〜下長岡駅間が開業、1919（大正8）年に街から離れていた上見附駅を移転、1924（大正13）年に長岡駅〜悠久山駅間が開業し全通した。経営は水害や雪害、世界恐慌の影響もあり楽ではなかったが、ガソリンカーの導入や悠久山の観光開発を行っていた。

　戦時中は蒸気機関車の復活、長岡駅〜悠久山駅間を不要不急路線として休止するも1946（昭和21）年に復旧、石炭高騰による燃料費削減のため電化工事を実施、1948（昭和23）年に全線を電化。電化に際して協力関係にあった草軽電気鉄道から車両を譲受け、また在来のガソリンカーを電車に改造して対応した。

　1956（昭和31）年に会社名を栃尾電鉄に改め、保安装置にCTCを導入。1960（昭和35）年に合併で越後交通栃尾線となり、連結器の改良や総括運転化も行われたが、モータリゼーションの進行に伴い乗客は減少。1973（昭和48）年に悠久山駅〜長岡駅間と上見附駅〜栃尾駅間が廃止、残る長岡駅〜上見附駅間も1975（昭和50）年に廃止となった。

越後交通栃尾線沿線地図①

建設省国土地理院「1/50000地形図」
長岡：昭和37年資料修正

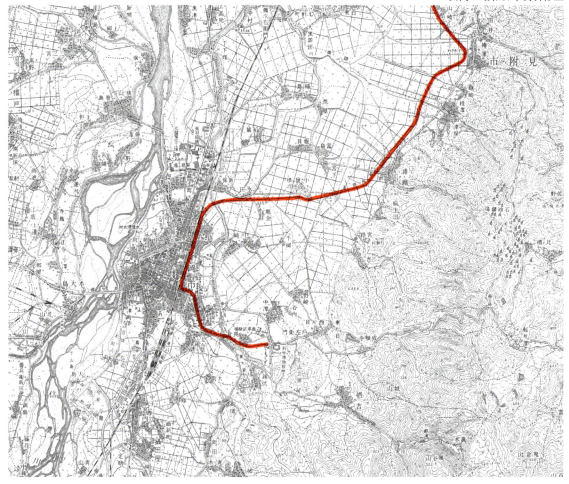

30

長岡駅を出発して悠久山駅に向かう。◎長岡　1957（昭和32）年2月9日

越後交通栃尾線沿線地図②

建設省国土地理院「1/50000地形図」
三条：昭和27年応急修正
長岡：昭和37年資料修正

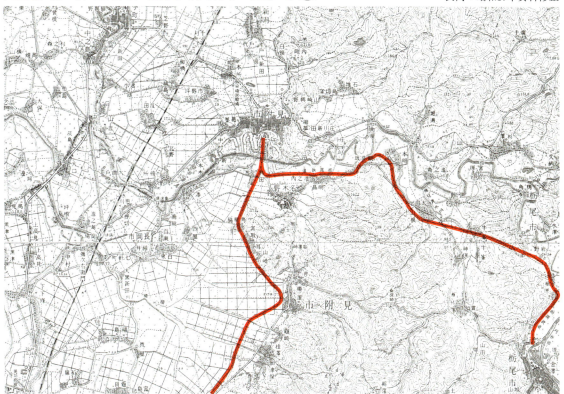

悠久山

悠久山駅は1919（大正8）年に開園した桜の名所悠久山公園の最寄り駅。栃尾鉄道は乗客誘致のため1926（大正15）年に悠久山プールを、戦後の1949（昭和24）年に悠久山球場、翌年に悠久山ホテルをオープンさせている。電車のモハ205は、1932（昭和7）年日本車輌東京支店製のガソリンカーのキ7が出自で、1943（昭和18）年にキハ111に改番される。電化時の1949（昭和24）年にエンジンを外し東京急行電鉄から調達した75kwモーターを吊り下げ電動車化されモハ205へ改造。1956（昭和31）年に車体を作り替え延長、さらに垂直カルダン駆動・総括制御化されている。
◎モハ205＋ホハ20＋ホハ7　悠久山　1960（昭和35）年7月24日

悠久山駅を出発する32ページの列車の編成。悠久山駅は島式ホームの両側に機回し線を持つ発着線と側線があり、行楽シーズンには長い編成に対応できるようにホームも長かった。最後尾のホハ7は、1916（大正5）年大日本軌道製のロ5（2代）で、ハ6から1943（昭和18）年の改番でホハ7になったもの。この後更新工事で外吊り側ドアや貫通扉が設置される。2両目は1950（昭和25）年自社工場製のホハ20、深い屋根が特徴的。
◎ホハ7＋ホハ20＋モハ205　悠久山　1960（昭和35）年7月24日

長倉～土合口

長倉駅～土合口駅間にある栖吉川を渡る悠久山行き。先頭のモハ211は、1950（昭和25）年自社工場製のホハ21で、33ページのホハ20同様の深い丸屋根の半鋼製ボギー車だったが、1955（昭和30）年に制御車に改造されクハ30となり、1957（昭和32）年に全面的に車体を作り替え、車体延長・垂直カルダン駆動改造されモハ211となった。2両目は1914（大正3）年日本車輛製のイロ3が出自のホハ1。3両目はガソリンカーのキ4を電動車化したモハ201を、1957（昭和32）年に電装解除したホハ22。
◎モハ211＋ホハ1＋ホハ22
長倉～土合口
1960（昭和35）年7月24日

長岡

悠久山発の電車が長岡駅に進入する。モハ208は、1941（昭和16）年日本鉄道自動車製の草軽電気鉄道モハ103を、1950（昭和25）年に譲渡を受け客車として使用後、1951（昭和26）年にモーターと制御器を装備して電動車化。1956（昭和31）年に神鋼電機の垂直カルダン駆動化の改造を最初に受け、結果が良好だったため他の車両も改造されることになる。2両目はモハ206で、石川鉄道（現・北陸鉄道石川線）から客車ナ3を1925（大正14）年に譲受けロ14として落成。1943（昭和18）年にホハ13（初代）に改番後の、1944（昭和19）年に、エンジンを搭載しガス気動車のキハ112に改造しようとしたが認可が降りず、1951（昭和26）年に電車化されモハ206に改造。1954（昭和29）年に流線形に改造してあった車体を箱型車体化、両側に客室扉を増設。中央には荷物扉のような両開き扉を持つ。
◎モハ208+モハ206
長岡
1957（昭和32）年2月8日

長岡

モハ202は、1930(昭和5)年松井車輛製の偏心台車の片ボギーガソリンカーのキ5が出自。1943(昭和18)年の改番でキハ107となり、1948(昭和23)年の電車化の際にエンジンの代わりにモーターを吊り下げ、駆動系を活用したまま電車化されている。1953(昭和28)年に荷物台を撤去して車体を延長。1954(昭和29)年に台車を調達してボギー車化、片側は偏心台車がそのまま使われている。75kwモーター1個と出力が小さかったため、1960(昭和35)年にモーターを降ろしホハ25に改造される。
◎モハ202　長岡　1957(昭和32)年2月9日

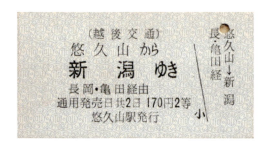

栃尾鉄道では票券式時代に正面衝突事故を起こしたため、1943（昭和18）年にタブレット閉塞式に改めている。長岡駅でタブレットの授受作業。その後1961（昭和36）年に私鉄初のＣＴＣ制御が取り入れられ信号・ポイントが自動化され合理化が図られた。電車のモハ207は、1944（昭和19）年日本鉄道自動車製の草軽電気鉄道モハ104を1950（昭和25）年に譲渡を受け、1951（昭和26）年にモーターと制御器を交換して落成。1959（昭和34）年に車体延長と垂直カルダン駆動化の改造を受け、さらに張上げ屋根化の改造が施されている。
◎モハ207　長岡　1960（昭和35）年7月24日

長岡

デキB型51は電化にあわせ1949(昭和24)年に日立製作所で新製された42kwモーターを4個持つ15ｔ電気機関車。後に表記がED51に変更されている。1日1往復の貨物列車のほか除雪列車で活躍した。2両目は無蓋貨車を木製緩急荷物車に改造したもの。
◎51　長岡　1960(昭和35)年7月24日

長岡駅構内には1966（昭和41）年まで車庫を併設していた。モハ203は、1929（昭和4）年松井車輌製の片ボギーガソリンカーのキ3が出自。1943（昭和18）年の改番でキハ105となり、1948（昭和23）年にエンジンの代わりにモーターを吊り下げ電車化されている。1953（昭和28）年に荷物台を撤去して車体を延長。1954（昭和29）年に台車を調達してボギー車化、そのため車両の前後で台車が異なる。1966（昭和41）年にモーターを降ろしホハ13に改造される。
◎モハ203　長岡　1960（昭和35）年7月24日

長岡

39ページの写真と同じ場所。1966（昭和41）年に車庫が長岡駅から下長岡駅に移転しており、配線が整理されている。栃尾電鉄から越後交通に変わって、側面の会社名の略がＴＤＫからＥＫＫに変わり、塗装もマルーン１色に改められたが、のちに西武の赤電に近いローズピンクとトニーベージュに改めている。先頭のクハ104は、２両目のモハ212（1958（昭和33）年東洋工機製）に始まる近代化車両で、1966（昭和41）年に編成運転を始める際に制御車のクハ101として新製され、1967（昭和42）年に現車番に改番された。
◎クハ104＋モハ212＋サハ301＋モハ215
長岡
1970（昭和45）年５月１日

中越高校前

長岡駅〜下長岡駅間は信越本線と並行し、一部国鉄用地を借用して建設された。手続きと工事の遅れにより開業が遅れている。中越高校前駅は1955（昭和30）年に家政高校前駅として開業、1956（昭和31）年に学校名の変更にあわせ改称されている。電車後ろの白い建物が校舎。電車は34ページ上の写真と同じ編成。当時途中の停留所を通過する「快速」があったが、中越高校前駅は逆に一部の電車が停まるだけの停留所（駅）だった。
◎モハ211
中越高校前
1960（昭和35）年７月24日

上見附

　上見附駅は1919（大正8）年に街の近くに移転した。駅はスイッチバック式で、駅を出ると複線に見えるが、長岡方面と栃尾方面の線路が単線で並んでいる。上見附駅は牽引してきた客車を付替える必要があったが、1966（昭和41）年以降制御車を用意して電車を編成にして、付替えなしで折返し運転ができるように改め合理化を図った。クハ112は、1954（昭和29）年アルミ製車体を持つ自社工場製のモハ210ロマンス電車（クロスシート装備）を、1970（昭和45）年に制御車化したもの。
◎クハ112　上見附　1970（昭和45）年5月1日

栃尾

栃尾駅は栃尾市街地の北外れに位置していた。長岡市内へは森立峠経由に対して線路は三角形の2辺を回る勘定だが、国道351号の新・榎トンネルが開通する1988(昭和63)年まで峠道は冬季通行止めだった。モハ217は1966(昭和41)年に東洋工機で新造された。栃尾線の電動車は神鋼電機の垂直カルダン駆動を採用していたが、モハ216と217は旧来の吊掛式に戻されている。側線の線路の間に見える物は、消雪用の水を撒くパイプ。
◎モハ217　栃尾　1970(昭和45)年5月1日

ながおかてつどう（えちごこうつうながおかせん）

長岡鉄道（越後交通長岡線）

　長岡鉄道は来迎寺から信濃川左岸を北上し寺泊を目指す中貫鉄道として企画され、長岡鉄道と改称後1915（大正4）年に寺泊駅〜大河津駅〜与板駅間が開業、大河津駅では1913（大正2）年に開業していた越後鉄道（現・JR越後線）と接続した。1916（大正5）年に与板駅〜西長岡駅が開業している。

　西長岡駅からは信濃川に架橋して長岡駅に向かう予定だったが架橋は叶わず、取得した免許通りに1921（大正10）年に来迎寺駅〜西長岡駅間が開業している。

　単線蒸気鉄道で運行本数も少なく赤字経営だったが、戦後1950（昭和25）年に田中角栄が社長に就任、経営再建で動力費の低減と高速化のため電化工事を実施、1951（昭和26）年に全線が電化された。1960（昭和35）年に栃尾鉄道・中越自動車と合併して越後交通が発足、同社の長岡線となった。

　しかし沿線の道路の整備が進みモータリゼーションが進行すると、建設時の経緯から集落から離れ田んぼの中を進み、また旧来の集落中心部に駅が無かった長岡線は、越後交通の事業がバス中心という事もあり次第にバスに乗客を奪われ、1961（昭和36）年に豪雨被害を受けた寺泊新道（後の寺泊）駅〜寺泊駅を廃止。1972（昭和47）年に来迎寺駅〜西長岡駅間の旅客営業を廃止。1973（昭和48）年に寺泊駅〜大河津駅間が、1975（昭和50）年に全線の旅客営業が廃止となった。

　旅客営業廃止後は来迎寺駅〜西長岡駅〜越後関原駅間で貨物営業を続けたが、末期はセメント輸送と夏季の余剰石油タンク車の留置のみになり、1993（平成5）年に休止中だった西長岡駅〜越後関原駅間が、1995（平成7）年に残る来迎寺駅〜西長岡駅も廃止された。

◎EB-111　西長岡　1960（昭和35）年7月24日

越後交通長岡線沿線地図①

建設省国土地理院「1/50000地形図」
三条：昭和27年応急修正

越後交通長岡線沿線地図②

建設省国土地理院「1/50000地形図」
三条：昭和27年応急修正　長岡：昭和37年資料修正

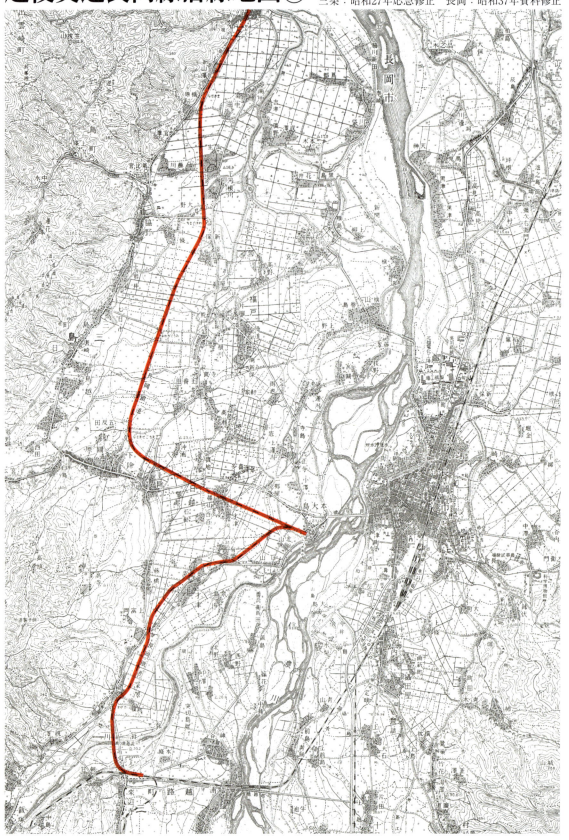

来迎寺

来迎寺駅は国鉄と共同使用駅で、国鉄ホームの北側に長岡鉄道の島式ホームがあった。機関車のEB110形は1952(昭和27)年日本鉄道自動車製。一見4軸のD型機に見えるが、モーターは56kwのものが1台車に1個搭載1軸駆動のため、形式がEBとなっている。
◎EB-111　来迎寺　1960(昭和35)年7月24日

西長岡駅の西側、奥に寺泊方面の線路の架線柱が見えている。電車のモハ3000形3001は、1951(昭和26)年の電化時に京浜急行電鉄のデハ110形を譲受け、東洋工機で車体を新製したもの。モハ3000形はＨＬ式制御器を持っている。
◎モハ3001　有栗～西長岡　1960(昭和35)年7月24日

西長岡

西長岡駅は寺泊方向から直進して信濃川を渡り長岡駅へ建設する計画だったが、信濃川に架橋する事が出来ず国鉄線との連絡を来迎寺駅に求め、西長岡駅でスイッチバックして運転する事になった。車庫や貨物ヤードもあり構内は広かった。
◎EB-111　西長岡　1960(昭和35)年7月24日

有栗～西長岡

西長岡駅を出た来迎寺行き列車。混合列車のはずだが今日は貨車が無い。客車は1922（大正11）年日本車輌東京支店製のロテフ1形を1930（昭和5）年に改造したハニフ21形21。
◎EB-111＋ハニフ21　有栗～西長岡　1960（昭和35）年7月24日

西長岡

西長岡駅は長岡市街地から1914(大正3)年に架け替えられた木製橋の長生橋を渡った先にあった。長生橋が現在のゲルバートラス橋に架け換えられたのは1937(昭和12)年。電車のモハ2000形2002は、1928(昭和3)年に雨宮製作所で2両造られた日本最初のディーゼルカーキロ1。1930(昭和5)年の改番でキハ201に、ディーゼルエンジンは使いこなせず1938(昭和13)年にガソリンエンジンに換装しキハ203に改造。戦時中は天然ガス動車となるが、1951(昭和26)年の電化時に新造名義で東洋工機にて電車に改造された。ディーゼルエンジンを搭載するため背の高い床が電車化後も残されている。
◎モハ2002　西長岡　1960(昭和35)年7月24日

町軽井

町軽井駅は1915（大正4）年の寺泊駅～与板駅間の開業時には駅の設置は無く、1916（大正5）年の西長岡駅延伸後に開業している。電化前から交換設備を持つ駅であった。モハ2000形2003は、1954（昭和29）年東洋工機製、半鋼製の車体は新製だが台車は京王帝都からの中古を履いている。モハ2000形2001・2002とは生まれも形も異なるが、直接制御式の電車がモハ2000形とされていた。
◎モハ2003　町軽井　1957（昭和32）年2月10日

くびきてつどうじどうしゃ

頸城鉄道自動車

　頸城鉄道は、1910（明治43）年に軽便鉄道法施行のあと1911（明治44）年に開業した魚沼鉄道（後の国鉄魚沼線）を参考に、国鉄線から離れた東頸地区に鉄道を敷くため地元の大地主が中心になり、1911（明治44）年に直江津町古城から下保倉村顕聖寺に至る免許を申請、1914（大正3）年に新黒井駅〜下保倉駅間が開業した。

　起点の予定だった古城は直江津港近くだったが、国鉄線との交差の許可が下りず国鉄黒井駅に隣接する新黒井駅が起点になり、1916（大正5）年に浦川原駅まで開業している。

　開業後の経営は堅調だったが次第に乗合自動車の影響を受け、ガソリンカーの導入や自社バスの運行を始めるが、1927（昭和2）年に国鉄十日町線（現・飯山線）が開業すると十日町方面の客貨はそちらに移行し、輸送量は減少した。

　1944（昭和19）年に運輸統制令により周辺のバス会社と合併し、頸城鉄道自動車と会社名を改める。社紋の「○Ｋ」からマルケーとして親しまれていたが、道路の整備によりモータリゼーションが進行。1968（昭和43）年に新黒井駅〜百間町間と飯室駅〜浦川原駅間が廃止、百間町駅〜飯室駅間は代替道路未整備という事で残されたが1971（昭和46）年に廃止され、会社名も頸城自動車に改められた。

頸城鉄道自動車沿線地図①

建設省国土地理院「1/50000地形図」
柿崎：昭和37年資料修正
高田東部：昭和35年資料修正

沿線からの貨物（米の出荷が多かった）は新黒井駅で国鉄貨車に積み替えられる。
◎貨車荷物積替え　新黒井　1966（昭和41）年12月21日

頸城鉄道自動車沿線地図②

建設省国土地理院「1/50000地形図」
柿崎：昭和37年資料修正
高田東部：昭和35年資料修正

新黒井

新黒井駅構内でDC92が入換え作業中。客車のハ5は、魚沼鉄道が1911（明治44）年に新潟鐵工所で製造したもの。国有化で鉄道省ケハ370となり、1949（昭和24）年に頸城鉄道入りしている。オープンデッキの車体は新製以来変わっていない。
◎DC92　ハ5　新黒井　1966（昭和41）年12月21日

新黒井

国鉄黒井駅から跨線橋を渡った先に頸城鉄道の新黒井駅があった。右側の建物が新黒井駅駅舎、腕木信号機は場内信号機。機関車のDC92は、開業時に用意したコッペル製の6.6t機関車の部品を使い、1954(昭和29)年に協三工業でディーゼル機関車に改造したもの。形式はDC9で、2両目のディーゼル機関車でDC92となっている。夏季はDB81と交互で、冬季は信頼性が高く常時使用されていた。
◎DC92　新黒井　1966(昭和41)年12月21日

頸城鉄道の構内は国鉄黒井駅の南側に広がっていた。写真の左側には信越本線の国鉄D51機関車、右側には国鉄黒井駅駅舎から頸城鉄道新黒井駅を結ぶ跨線橋が見える。客車のニフ1は、青梅鉄道（JR青梅線）が明治の開業時に用意した2軸客車を魚沼鉄道が譲受け、さらに1919（大正8）年に頸城鉄道が譲受けハ4としたもの。1950（昭和25）年に客室扉を広げ現在の形に、1958（昭和33）年に荷物車化されニフ1となる。
◎ニフ1　新黒井　1966（昭和41）年12月21日

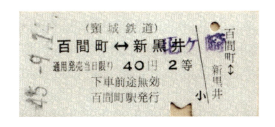

百間町

百間町駅は本社や機関区もあり線内で一番大きな駅だった。ホームに建つ腕木信号機は場内信号機でホームにて操作する。閉塞は票券式で、票券を持って列車が出発すると隣駅に電話連絡、隣駅はポイントを操作し場内信号機を下げて列車の到着を待った。車両のホジ3は、開業時に用意された畳敷き特別客車ホトク1を1932（昭和7）年にデッキ部分は開放型のままガソリンカーに改造されたもの。1951（昭和26）年にいすゞ製ディーゼルエンジンに換装する際に密閉型に改造されている。ボンネットバスのエンジンを用いたため背が高く、客室内に大きな張り出しがある。
◎ホジ3
百間町
1966（昭和41）年12月21日

百間町駅のホームに隣接して車庫（左側の建物）と機関庫（右側の建物）がある。どちらも冬季の収納を考え規模が大きくなっている。車庫とその奥に屋根が見えている旧・本社は現存し、くびき野レールパークとなっている。車両のホハ2は、1914（大正3）年の開業時に日本車輌で用意した6両の客車の1両。隣のラキ1は、除雪用のラッセル車で軽便鉄道時代の国鉄魚沼線の有蓋車を譲受け、1951（昭和26）年にラッセル車に改造したもの。その後ラッセル翼を可動式にした際に車体幅を詰めている。
◎ホハ2　ラキ1
百間町
1966（昭和41）年12月21日

頸城鉄道沿線風景

大池駅は全通後の1930(昭和5)年に開設された停留所。ホーム1面1線で待合室があるだけの駅。駅名の由来になった大池は駅の北側にある農業用ため池で、文禄時代の古図(1593年)に記載がある古くからのもの。
◎大池　1966(昭和41)年12月21日

下保倉駅〜浦川原駅間で切通しを抜けて浦川原駅に到着する。切通し左側の建物は浦川原小学校。この付近の廃線跡は国鉄北越北線の建設用地となり、1997(平成9)年に北越急行ほくほく線として開業し、撮影場所付近には、「うらがわら駅」が出来ている。
◎下保倉〜浦川原　1966(昭和41)年12月21日

◎下保倉〜浦川原　1966（昭和41）年12月21日

下保倉

下保倉駅の東側、写真右側奥の切通しを抜けると61ページ下の写真の位置へ出る。下保倉駅は1914（大正3）年の開業時は終着駅で、以前は広い構内を有していた。
◎DC92
下保倉
1966（昭和41）年12月21日

浦川原

終点の浦川原駅。下保倉村の中心部だが役場は下保倉駅が最寄りであった。鉄道が開業すると東頸城郡に留まらず十日町からも人や荷物が集まったが、上越線や十日町線（現・飯山線）が開業すると峠の向こう側の荷物はそちらへ移った。駅舎は1957（昭和32）年の改築、現在も東頸バスの本社とバスターミナルとして使われており、線路の敷かれていた部分は北越急行の高架橋が通っている。
◎DC92
浦川原
1966（昭和41）年12月21日

63

日本交通公社時刻表 (昭和40年12月号)

第2章

長野県

- ・長野電鉄
- ・上田丸子電鉄（上田交通）
- ・草軽電気鉄道
- ・関西電力
- ・松本電気鉄道

ながのでんてつかとうせん

長野電鉄河東線

　現・JR小海線の小諸駅〜小海駅間を開業した佐久鉄道は、最終的に甲府から長岡を結ぶ計画をたて、鉄道から離れた千曲川右岸に鉄道を通すため河東鉄道に出資し、自社が取得した免許を譲渡して1922（大正11）年に屋代駅〜須坂駅間を開業、その後河東鉄道が免許を取得して、1923（大正12）年に須坂駅〜信州中野駅、1925（大正14）年に信州中野駅〜木島駅間を開業。その先の野沢や十日町への免許申請は却下された。

　建設時から電化の計画を持っており水力発電所を建設、1926（大正15）年1月に全線を電化、同年9月に長野電気鉄道と合併し、会社名を長野電鉄に改め同社の河東線となる。

　山の内線が開業し志賀高原が観光地として開発されると国鉄客車の乗入れが1937（昭和12）年から始まり、戦争中は中断するも1950（昭和25）年から再開。1962（昭和37）年からは国鉄ディーゼルカーの直通運転に変わり、信越本線の電化で1963（昭和38）年からは電車化されている。国鉄直通列車は1982（昭和57）年まで続けられた。

　長野電鉄のメインラインが長野駅〜湯田中駅になると、屋代駅〜須坂駅・信州中野駅〜木島駅間は支線の扱いになり、1993（平成5）年のワンマン運転開始で線内折返し運用となる。しかし乗客の減少は止まらず2002（平成14）年に信州中野駅〜木島駅間が廃止。長野駅〜湯田中駅間を長野線、屋代駅〜須坂駅間を屋代線に線名変更を行う。2012（平成24）年に屋代線も廃止となった。

屋代駅で貨車の入換え。先頭はチップを運ぶ物資別適合輸送の国鉄トラ90000形
◎屋代　1975（昭和50）年5月6日

長野電鉄沿線地図①

建設省国土地理院「1/50000地形図」
飯山：昭和49年修正　中野：昭和41年修正

戦後の輸送力不足のなか、国鉄63形の割当を受けた東武鉄道からデハ3形3両が、1948（昭和23）年に長野電鉄へ譲渡されモハ130形となった。1953（昭和28）年にモハ400形に改番、在来車のHL式と違い電動カム式のデッカーシステムの制御器のためモハ400形グループのみで連結使用された。1956（昭和31）年にモハ401は制御器と台車を交換されモハ420形421に改造、1967（昭和42）年に現車番になった。制御器はHL式になったがブレーキは自働ブレーキのまま改造されず、単行運転で用いられており、時に機関車の代わりに使われる事もあった。
◎モハ411
屋代
1975（昭和50）年5月6日

屋代

ED5100形は定山渓鉄道が豊平峡ダム建設に際して、従来の蒸気機関車牽引では牽引力が不足するため、1957（昭和32）年に電装品が三菱電機、機械部品が三菱重工にてED500形2両が製造された。重量50ｔ出力800kwの流線形の箱型車体を持つ。1969（昭和44）年に定山渓鉄道が廃止されると2両とも長野電鉄に譲渡された。
塗装の白帯を黄帯に、スカート部分をゼブラ塗装にしてスノープラウを撤去した程度で1970（昭和45）年にED5100形として竣工している。1979（昭和54）年に長野電鉄の貨物輸送が廃止されると越後交通に移籍した。
◎ED5102
屋代
1975（昭和50）年5月6日

雨宮
あめのみや

雨宮駅で交換電車の窓から。駅の南に雨宮坐日吉神社（あめのみやにいますひよしじんじゃ）があり、地名・駅名の由来になっている。駅は2面2線ホームに貨物側線の構成だったが、1965（昭和40）年に貨物営業は廃止されている。河東鉄道は電化に備え用意してあった電車型客車8両を電車化、長野電気鉄道は1926（大正15）年の開業時に4両を、長野電鉄に合併後に2両の電車を増備した。写真のモハニ510形は最後に増備されたデハニ200形が出自。
◎モハニ511
雨宮
1956（昭和31）年8月6日

綿内

綿内駅に到着の屋代行き電車の中から。屋代駅〜須坂駅間の自動信号機化は遅れたため、駅長さんがタブレットを持って電車の到着を待っている。2面3線ホームと貨物列車の待避線を持つが、1973（昭和48）年に貨物扱いが廃止され貨物側線は撤去された。電車のモハ300形は、1941（昭和16）年に増備車のモハ150形として汽車会社東京支店で2両製造された。客室扉が2扉となり幅が1100mmに拡大され自動扉になり、乗務員室は密閉化され乗務員室扉が設けられた。
◎モハ301
綿内
1975（昭和50）年5月6日

70

小布施

小布施駅に進入する下り電車。長野電鉄の単線区間はタブレット閉塞だったが、1961(昭和36)年に朝陽駅〜須坂駅間が、1963(昭和38)年に須坂駅〜信州中野駅間で単線自動閉塞装置が新設されている。写真は自動閉塞化前なのでタブレット受けが写っている。電車はモハ300形2両に最後尾はクハニ1060形。開業時に用意したフホロハ1形を電車化、戦後1953(昭和28)年に鋼体化改造を行ったもの。
◎モハ302
小布施
1956(昭和31)年8月6日

須坂

須坂駅は河東線と長野線との接続駅で、3面5線のホームに貨物側線、さらに車庫線が接続し規模が大きかった。車庫内には左側からモハ100形、ED5001、モハ1000形、モハ600形が並んでいる。
◎須坂
1966（昭和41）年12月21日

ながのでんてつながのせん

長野電鉄長野線

　大正期に市域の拡大を図っていた長野市は周辺地域を合併対象にしたが、その時の合併条件として長野～須坂間の鉄道建設があり、運営会社として長野市や県も出資した長野電気鉄道を設立、1926（大正15）年6月に権堂駅～須坂駅間が開業した。

　架線電圧1500Vに鋼製架線柱を用いるのは当時として先駆的であり、権堂駅～吉田町（現・信濃吉田）駅間は複線で建設、途中千曲川を渡る区間は県道道路併用橋の村山橋を架けたが、橋長813mは当時日本最長、トラス橋部分の7連が道路と併用橋となっていた。

　須坂駅ではすでに開業していた河東鉄道と接続し、長野電気鉄道開業前に河東鉄道も全線を電化、1926（大正15）年9月に長野電気鉄道と合併し、会社名を長野電鉄に改めている。1928（昭和3）年に長野駅～権堂駅間が複線で開業、国鉄長野駅と接続した。

　戦後は1956（昭和31）年に信濃吉田駅～朝陽駅間を複線化、1981（昭和56）年に長野駅～善光寺下駅間が地下化されている。村山橋は老朽化と水害対策のため、1990（平成2）年から架け替え工事が開始され、道路部分が新橋に移行後、2009（平成21）年に鉄道線も新橋に付け替えられた。

善光寺下

善光寺下駅は定額山善光寺の最寄り駅で、仁王門北側の道を東へ下った位置にある。駅は線路が北から東に曲がる途中にあるため、ホームがカーブしている。電車のモハ100形101は、長野電気鉄道が1926（大正15）年の開業時に用意した汽車会社東京支店製のデハ100形101。1929（昭和4）年にモハ100形に形式を改めている。後ろのダブルルーフの木造車は4扉からクハニ61。出自は信濃鉄道（現・JR大糸線）の1925（大正14）年製デハユニ1、国有化・制御車化され長野電鉄に1955（昭和30）年に入線。1961（昭和36）年に鋼体化されモハ1102に改造される。
◎デハ101　善光寺下　1956（昭和31）年8月6日

長野

1966（昭和41）年に新しい通勤通学電車として、地方私鉄では初めて20m車体に両開き4扉を装備し、在来車3両分の輸送力を2両で賄い製造・運行経費を節減した。製造経緯からOfficemen & Students Carの頭文字を取り「OSカー」の愛称をつけた0系は5編成を製造し、乗務員運用を含めた運用効率の向上を図る予定だったが、乗客の伸び悩みから2編成の増備で終わってしまっている。地上時代の長野駅だが、国鉄との貨物授受は廃止され、地下化工事に向けた構内配線の整理が行われている。
◎OS-1　長野　1975（昭和50）年5月6日

信濃吉田

信濃吉田駅は1926(大正15)年に長野電気鉄道の吉田町駅として開業。同年のうちに合併で長野電鉄になり、その年の12月に信濃吉田駅に改称されている。開業時から長野方から当駅までが複線で、右側のホームは島式で3番線がある。その後1956(昭和31)年に朝陽駅までが複線化されている。停車中の2000系特急電車は木島行きの「のざわ」号。木島駅まで直通は1往復のみの運転で、それ以外の時間は信州中野駅での乗換えになっていた。
◎モハ2004　信濃吉田　1975(昭和50)年5月6日

ながのでんてつやまのうちせん

長野電鉄山の内線

　湯田中への路線は1926（大正15）年に河東鉄道が全線を電化、長野電気鉄道と合併して長野電鉄になった後に、河東鉄道時代に取得した免許を使って1927（昭和2）年に信州中野駅〜湯田中駅間が平穏（ひらお）線として開業した。線名は同年12月に山の内線に改められている。

　湯田中駅開業にあわせ観光開発も始まり「仙壽閣」を買収して1928（昭和3）年に上林ホテル（現・上林ホテル仙壽閣）をオープン。またその周りの土地にスキー場を開設、志賀高原と名付けた。それにあわせ長野駅〜湯田中駅の急行電車や、国鉄からの客車の直通も行われる。

　戦後の志賀高原は進駐軍に接収された時期もあったが、返還後は観光開発が進み、1950（昭和25）年に国鉄客車乗入れ復活、1957（昭和32）年に特急電車運転開始。1962（昭和37）年には国鉄ディーゼルカーによる2往復の上野からの急行乗入れ、翌1963（昭和38）年には電車化されている。

　国鉄乗入れは1982（昭和57）年に廃止されるが、長野電鉄のメインラインは長野駅〜湯田中駅となり、1999（平成11）年に山ノ内線に改称、2002（平成14）年に運行の実態にあわせ長野線と改称された。

中野松川〜信濃竹原

中野松川駅〜信濃竹原駅間は夜間瀬川の扇状地にS字カーブを描いて線路が敷かれている。電車のモハ1500形1502は、1951（昭和26）年に日本車輌東京支店のモハ1050形1052で、1000形に対して手動進段・制御電源を架線から取るHL方式は同じだが、勾配区間に備え抑速発電制動付きとなっている。長野電鉄の電車は架線電気の引き通しを持っており、2両目のパンタグラフは降ろしている。
◎モハ1502　中野松川〜信濃竹原　1966（昭和41）年12月21日

中野松川～
信濃竹原

2000系電車は志賀高原への観光輸送に向けて車体は日本車輌、電装品は三菱電機の設計により1957(昭和32)年に2編成が登場。室内は回転クロスシートを装備し、登場時は案内役の特急ガールも乗務していた。当初は特急運用だけに就いたが、特急の増発による間合い運用や、第4編成増備により車両運用に余裕ができた後は普通電車にも充当された。その場合は特急のヘッドマークを外している。
◎モハ2002
中野松川～信濃竹原
1966(昭和41)年12月21日

信濃竹原駅まで1往復設定されていた貨物列車が坂を下る。機関車のED5000形は、1927(昭和2)年から翌年にかけて、蒸気機関車の牽引で残っていた貨物列車を電化するために、日立製作所で500形3両が製造された。鉄道省1070形(国鉄ED15形)などの日立製作所の標準機関車だが、輸送力にあわせ出力600kw重量37tと小型化されている。貨物列車のほか国鉄からの乗入れ客車の牽引にも使われる。1953(昭和28)年にED5000形に改番された。
◎ED5002
中野松川～信濃竹原
1966(昭和41)年12月21日

中野松川〜信濃竹原

長野電鉄への国鉄車の乗入れは、1962（昭和37）年2月からキハ57系気動車2両編成に変わり急行「丸池」「志賀」が上野駅から湯田中駅まで毎日直通運転された。1963（昭和38）年10月に信越本線が電化されると、乗入れ電車は165系3両編成（後に169系になる）になり、列車名は「志賀」に統一されている。国鉄車の乗入れは1982（昭和57）年11月改正まで続けられている。
◎国鉄クモハ165-107
中野松川〜信濃竹原
1966（昭和41）年12月21日

信濃竹原

信濃竹原駅には北信パルプの工場があり、貨物列車が1往復運転されていた。構内で入換中のED5002。右側の線が貨物ホーム、その隣の無蓋車が停まっている線が湯田中に向かう本線。機関車左側の線路が北信パルプの工場に繋がっていた。
◎ED5002
信濃竹原
1966(昭和41)年12月21日

信濃竹原～夜間瀬

信濃竹原駅を出ると夜間瀬川橋梁を渡る。長野電鉄の各線は所々に急勾配区間があり、貨物列車の牽引定数を超えた分の貨車は途中駅で解放して後続の電車が混合列車として運んだ。また、湯田中駅など貨物列車の設定の無い駅にも混合列車で貨物を運んだ。牽引の電車はモハ1000形1003で、1949（昭和24）年日本車輌東京支店製のモハ1005。その後電装解除車の番号を詰めて1954（昭和29）年に現車番に改番されている。
◎モハ1003
信濃竹原～夜間瀬
1963（昭和38）年9月1日

夜間瀬川橋梁を左岸側から。1963（昭和38）年に特急の愛称は「奥志賀」に統一され、ヘッドマークに愛称名は入らなくなった。2000系は1964（昭和39）年に4編成目のD編成が登場。名鉄パノラマカーのように運転台を2階にあげて前面展望室を設ける計画もなされたが、2000系を小改良しての登場となった。この時塗装はマルーンに窓回りクリームに変更したが、1966（昭和41）年にOSカーが登場すると、同様の赤とクリームの塗装に改められた。
◎モハ2004
信濃竹原～夜間瀬
1966（昭和41）年12月21日

83

信濃竹原〜夜間瀬

83ページと同じ夜間瀬川橋梁にて。電車のモハニ510形512は、1926（大正15）年にデハニ200形の増備車のデハニ204として汽車会社東京支店で製造。1929（昭和4）年に制御電源をバッテリー式に改造しデハニ250形252へ改番、1929（昭和4）年に称号変更でモハニになり、1953（昭和28）年の改番で現車番になる。荷物は無かったのか荷物室も立席スペースとして使われている。
◎モハニ512
信濃竹原〜夜間瀬
1963（昭和38）年9月1日

夜間瀬〜上条

夜間瀬駅〜上条駅間の中間よりやや上条寄り、この付近は40‰の勾配でＳ字カーブを描いて距離を稼ぎながら坂を登っていく。登場時の2000系はマルーンに白帯の塗装で、5往復の特急は「しらね」「よこて」「しが」「かさだけ」「いわすげ」と志賀高原の山の名前が付けられていた。1959（昭和34）年に3編成目が増備されると特急は区間運転を含め13往復に増発された。愛称は1963（昭和38）年に「奥志賀」統一されている。
◎モハ2003　夜間瀬〜上条　1963（昭和38）年9月1日

湯田中

湯田中駅は1927（昭和2）年に開業し、右側の線路に付いた側のホームに駅舎が建てられた。1955（昭和30）年に南側に駅前広場が作られ、左側のホームに接する駅舎を新築。主に特急電車が発着し普通電車は在来のホームに発着した。本線勾配と駅スペースの関係からホーム途中で本線が接続しており、3両編成の電車は駅先の踏切まで進行し、スイッチバックして本線分岐を越えてホームに停車していた。電車のモハ600形604は、1927（昭和2）年川崎造船所でデハ350形354として落成、1953（昭和28）年の改番で現車番となった。
◎デハ604　湯田中　1956（昭和31）年8月6日

湯田中駅の先にある踏切を越えて留置線があった。写真右側の先が湯田中駅につながっている。1921（大正10）年に河東鉄道は信州中野～湯田中～渋安代の区間の免許を受けるが、湯田中駅まで開業させたあと、渋安代までは指定の期限までに工事竣工出来なかったため、1931（昭和6）年に免許を取り消されている。戦後1949（昭和24）年に再び免許を得るが、やはり1958（昭和33）年に失効させている。開業していればここは本線になる筈であったが、夜間瀬川の段丘上にある住宅密集地の用地確保は容易ではなかった。
◎モハ1002　湯田中　1956（昭和31）年8月6日

湯田中駅貨物ホームから。本線は駅構内の中まで勾配が続いている。ホームに接続する線の北側は留置線が設けられ、国鉄客車が留置されている。国鉄線からの乗入れは1937（昭和12）年から開始され、戦時中の中断を経て1950（昭和25）年から季節運転で再開している。客車時代の乗入れは上野発の夜行普通列車で早朝に湯田中駅へ到着、夕方遅い時刻に湯田中駅を出て明朝上野駅着のダイヤ。夏季の運転で、年によって、また上下によって屋代駅もしくは長野駅で普通列車に併結していた。
◎デハ604　湯田中　1956（昭和31）年8月6日

87

長野電鉄沿線地図②

建設省国土地理院「1/50000地形図」
中野：昭和41年修正　須坂：昭和55年修正

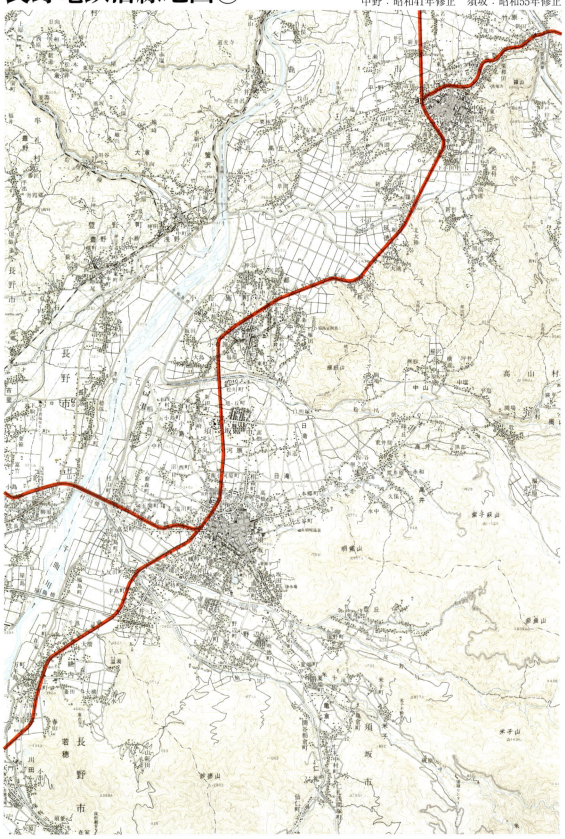

長野電鉄沿線地図③

建設省国土地理院「1/50000地形図」
戸隠：昭和49年修正　長野：昭和41年修正

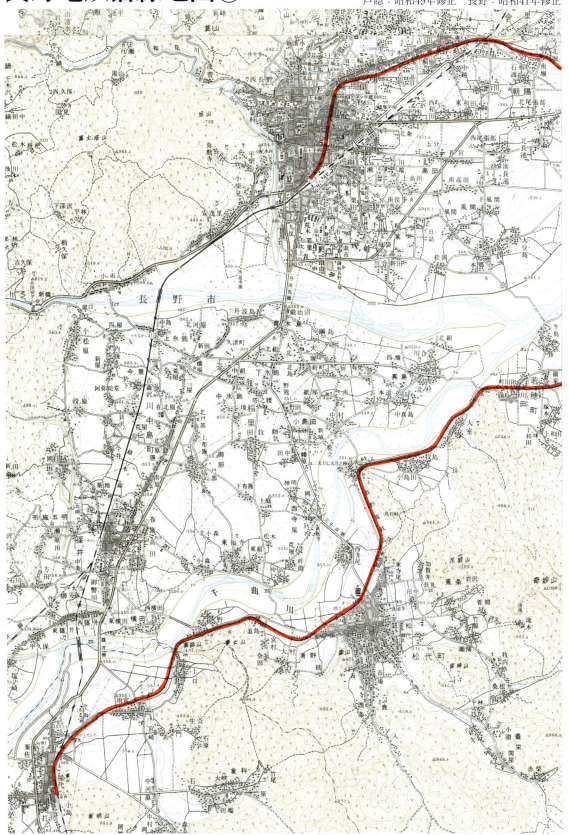

うえだまるこでんてつさなだそえひせん

上田丸子電鉄真田傍陽線

　青木線・川西線を開業させた温泉電気軌道は上田市やその北東地域からの要請をうけ、1927（昭和2）年に上田（後の電鉄上田）駅〜伊勢山駅間の北東線を開業した。翌1928（昭和3）年には傍陽駅、真田駅までを開業している。三菱電機の技術のもと長野電鉄に倣い架線電圧1500V・スイスから輸入した水銀整流器・鉄製架線柱などを採用している。

　真田駅から先、長村大日向地区まで延伸計画を立て免許を取得したが、昭和恐慌の影響などで開業はできなかった。しかし真田駅まで開業すると峠を越え群馬県側渋川駅までの吾妻線と菅平への路線が省鉄バスと共同で開業し接続、1939（昭和14）年に上田電鉄と会社名を改めた時に路線名を菅平鹿沢線に改めている。

　戦時中の陸運統制令で丸子鉄道と合併し上田丸子電気鉄道となるが、戦後は道路の整備で国鉄バス鹿沢菅平線（系統分離で吾妻線を改称）や菅平からの自社バスが上田駅へ乗り入れるようになり、1960（昭和35）年に路線名を真田傍陽線と改称。東急の支援で営業を続けたがモータリゼーションの波は止まらず、1972（昭和47）年に廃線となった。

上田丸子電気鉄道真田傍陽線沿線地図

建設省国土地理院「1/50000地形図」
上田：昭和27年応急修正　　坂城：昭和27年応急修正

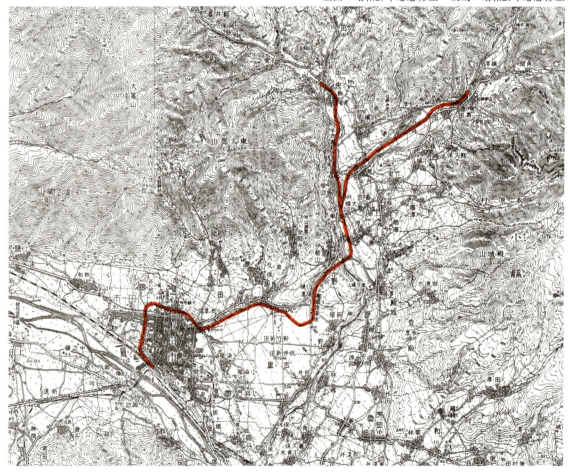

電鉄上田

菅平鹿沢線（真田傍陽線）の上田駅は国鉄上田駅の北西側に設けられていて、1955（昭和30）年に新駅舎が建てられると国鉄駅と改札が分離され、電鉄上田駅と改称された。線路は北西に向かい上田城址の堀の中を通り、市街地の北側で向きを90度変えて北東方向に進んだ。電車のモハ5360形5361の出自は、総武鉄道（現・東武野田線）のモハ1000形1003で、1929（昭和4）年に大宮駅～粕壁（現・春日部）駅の電化用に日本車輌東京支店で製造。東武鉄道を経て1948（昭和23）年に上田丸子入りしモハ1001となり、1950（昭和25）年に現車番となった。電鉄上田駅のホームは1面1線ながら2線分が半円形ドームで覆われ、モハ5361が停まっている線路の右側は検修用ピットを持つ車庫線になっていた。左側は留置線と国鉄と貨車を受け渡しする線になっている。
◎モハ5361　電鉄上田　1959（昭和34）年12月26日

樋之沢

北東線は当初虚空蔵山の南側から神川を渡り、殿城村を経由して本原へ向かう計画だったが、殿城村からの出資が受けられなかった事と、神川橋梁が長大になる事もあり、真田街道沿いに伊勢山トンネルを抜け、その先で神川橋梁を渡るルートで建設された。上田温泉電軌では電気機関車のデロ301を用意したが、自重40ｔ150馬力モーター４個の強力機で、北東線では使いこなせず、1940（昭和15）年に三河鉄道（現・名鉄三河線）に売却された。その後はデナ100形（モハニ4250形）牽引の混合列車で運転された。上田丸子電鉄の電車は茶色塗装だったが、1954（昭和29）年に元・伊那電気鉄道の車両が入線すると、その車と同じ紺色にクリーム色の塗装に改められた。
◎モハニ4253　樋之沢　1956（昭和31）年８月６日

神川橋梁を渡った所に殿城口駅が設けられた。遠くの白い山は浅間山。
◎殿城口～下原下　1959（昭和34）年12月26日

真田傍陽線沿線風景

神川橋梁から下流方向の車窓。神川は河岸段丘になっており4連のデッキトラス橋で高さを稼いで神川部分を渡っていた。左側に見える街並みが殿城村。右側の虚空蔵山の向こう側から下流で神川を渡り、殿城村を通るのが当初の計画だった。◎伊勢山〜殿城口　1959（昭和34）年12月26日

本原

本原駅は傍陽方面と真田方面の分岐駅、奥に留置してある電車の右側の線路を直進するのが傍陽方面、右に分岐する線路が真田方面になる。駅は本原村中心部より神川沿いの低い位置にあるため、駅を出ると両線とも急こう配で登っている。電車のモハニ4250形4251〜4254は、北東線開業に備え1927（昭和2）年に川崎造船所で製造されたデナ100形で、1943（昭和18）年の合併でモハ100形、1950（昭和25）年に改番でモハニ4250形となった。北東線は当時最新の架線電圧1500Vを採用しており、スイスBBC社の最新型水銀整流器を用いているが、三菱電機の研究用を兼ねたもので、電車の電装品も三菱電機製となっていた。車両後ろ側の中扉の先にある楕円形窓の部分が荷物室となっている。
◎モハニ4251　本原　1959（昭和34）年12月26日

本原駅では上田駅〜真田駅間の電車が上下行違いを行い出発すると、側線に停まっていた傍陽行きの電車がホームに入線し、折返し出発する運転を取っていた。出発信号機は上段が傍陽方面、下段が真田方面となっている。真田傍陽線では電動車が付随車を牽引する方法で増結されたが、付随車のサハ20形21〜25は、1931（昭和6）年日本車輌東京支店製の飯山鉄道（JR飯山線の一部）のキハニ1形1〜5が戦時中に国有化された後、1949（昭和24）年から翌年にかけて譲渡をうけたもの。
◎サハ20形　本原　1959（昭和34）年12月26日

傍陽
そえひ

本原駅で別れた傍陽への線路は、神川を再び渡り洗馬川沿いに登り、洗馬川を渡り右岸にある傍陽の街を結んだ。この先、地蔵峠を越え松代まで結ぶ計画だったが、標高1000m超える峠に線路を通すのは容易ではなく、免許を取得できることも無かった。電車は上田丸子電鉄の付番方法のためモハ4250形にまとめられているが、モハ4256は、1930（昭和5）年新潟鐵工所製の鶴見臨港鉄道（現・JR鶴見線）モハ100形118で、買収後に国鉄モハ1504に改番され、1958（昭和33）年に上田丸子電鉄に入線した。1972（昭和47）年の真田傍陽線廃止後は弘南鉄道に譲渡されている。
◎モハ4256　傍陽　1959（昭和34）年12月26日

真田

真田駅は長村（1958（昭和33）年に合併により真田町になる）中心部の神川に近い低い所に設けられた。鉄道の開業で鳥居峠を越え省鉄バス吾妻線（渋川駅〜真田駅）と、菅平方面のバスの接続駅となった。また貨物の集積地となり木材のほか高原野菜や果実の出荷もあり、電車の後には野菜を運ぶ通風車が停まっている。電車の赤い円盤は「後部標識板」と呼ばれ、列車の最後部を示すもの。通常は下半分を上側に折りたたんである。（94ページ写真参考） ATSの普及により国鉄では1965（昭和40）年に廃止され、私鉄も順次廃止されている。
◎モハニ4254　真田　1956（昭和31）年8月6日

うえだこうつうべっしょせん

上田交通別所線

　長野県道第二線路（松本街道、現・国道143号線）が1890（明治23）年に完成すると、この道路上に路面電車を走らせる機運が高まり、上田温泉電軌が1921（大正10）年に三好町（現・城下）駅～青木駅の青木線と、上田原駅～別所（現・別所温泉）駅の川西線を開業した。

　電車は玉川電気鉄道（後の東急玉川線）が東京市電乗入れのために改軌した際に廃車になった在来車を譲受け、軌条は信濃鉄道（現・JR大糸線）が電化に備え重軌条化した際の古レールが用いられていた。1924（大正13）年に千曲川に架橋し上田駅へ延伸、1927（昭和2）年に初代・三好町駅～上田原駅間に新設軌道を設けたうえ川西線を重軌条化、ボギー電車のナデ200形を導入させている。

　一方青木線は並行するバス事業者と競争となったうえ、長野県道第二線路の利用期限を迎えたため自動車化されることになり、1938（昭和13）年に城下駅～上田原駅間の並行軌道部分と上田原駅～青木駅間を廃止。上田駅～別所温泉駅間を川西線と改称、1939（昭和14）年に軌道から鉄道に変更し、会社名を上田電鉄と改め、線名を別所線と再改称している。

　戦時中の1943（昭和18）年に陸運統制令により丸子鉄道と合併し上田丸子電鉄となり、青木村が東急グループの実質的な創業者の五島慶太の出身地だった縁もあり、1958（昭和33）年に東急グループに入っている。その後は東急の支援を受け経営を続けるが、1969（昭和44）年の丸子線廃止で上田交通に社名を変更、真田傍陽線に続き別所線も廃止対象となるが欠損補助、また東急や地元・上田市の補助等により存続し、2005（平成17）年から上田電鉄別所線となっている。

上田交通別所線沿線地図

建設省国土地理院「1/50000地形図」
上田：昭和54年修正
坂城：昭和54年修正

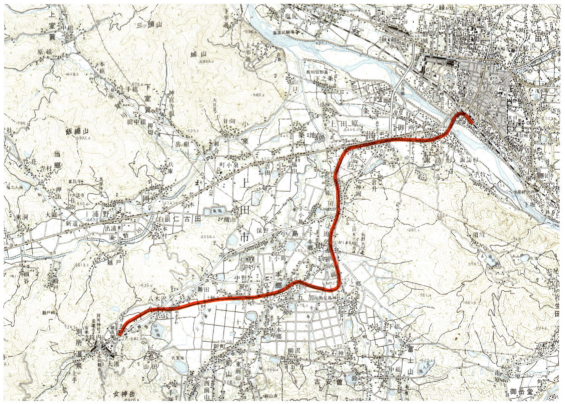

上田

上田温泉電軌の上田駅は、1924(大正13)年に千曲川橋梁が完成し、三好町(初代、現・城下駅)〜上田駅間が開業、国鉄駅の南側に乗入れた。当時は青木駅へ向かう青木線がメインであったが、1927(昭和2)年に上田原駅までの併用軌道区間に軌道を新設、川西線区間の軌道も重軌条に交換し1928(昭和3)年に半鋼製ボギー車のナデ200形が日本車輌で3両製造された。おわん型ベンチレータと楕円の戸袋窓が特徴的な日本車輌標準設計で、同型車は高松琴平電気鉄道や京福電気鉄道福井支社、福武電気鉄道(現・福井鉄道)などにある。当初はポール集電だったが、1945(昭和20)年にパンタグラフ化、1950(昭和25)年の改番でモハ5250形5251〜5253となるが形態はおおきく変わらないまま、1986(昭和61)年の架線電圧昇圧に伴う車両入換えまで現役で働き、現在も3両とも保存されている。
◎モハ5251　上田　1975(昭和50)年5月6日

上田原

上田温泉電軌は松本街道上の併用軌道で開業したため、上田原駅も道路上にあったが、1927(昭和2)年にボギー車導入に伴う一部新設軌道化の際に、道路上から道路に接した新設軌道へ移転し車庫が併設された。現在の車庫は下之郷駅に移転し、駅は上田方へ再移転している。電車のモハ4250形4257は、1929(昭和4)年日本車輌製の富士山麓電鉄モ1形を、1953(昭和28)年に新造車体に更新する際に発生した旧車体を譲受け、1954(昭和29)年に国鉄から調達した台車を組合せクハ250形251として落成。1962(昭和37)年に電動車用台車と交換し電動車化された。廃車後は富士急行(現・富士山麓電気鉄道)へ里帰りし、河口湖駅前で保存されている。
◎モハ4257
上田原
1975(昭和50)年5月6日

下之郷

下之郷駅では西丸子線が分岐するが、109ページの写真が西丸子線のホームの端からの撮影で、写真右下に見えているホームは貨物扱いホーム。電車のモハ4360形は、目黒蒲田電鉄(現・東急目黒線)が1926(大正15)年に藤永田造船所で製造したデハ100形で、東急デハ3100形となっていた3110〜3112の3両が1958(昭和33)年に上田丸子入りし、モハ4360形4361〜4363となった。入線に際して両端扉を窓1つ分内側に寄せる改造工事が行われている。
◎モハ4363
下之郷
1959(昭和34)年12月26日

101

下之郷

下之郷駅にて、電車のサボは「西丸子-下之郷」とあるので、西丸子線の電車を転線して別所線の電車の後につけて、上田原の車庫へ回送するための連結風景。電車のモハ3120形3122は、丸子鉄道が停電時の運転用に1934(昭和9)年に日本車輛東京支店で製造したキハ1を、1948(昭和23)年に電車化してモハ312となったものを、1950(昭和25)年の改番で現車番となった。
◎モハ3122　下之郷　1959(昭和34)年12月26日

別所線沿線風景

八木沢駅から舞田駅間の上田方向、カーブの手前に見えている駅が舞田駅。上田温泉電軌は当初から電気鉄道で小型単車の電車だったため、信濃鉄道から購入した40ポンドレールで開業したが、1927(昭和2)年にボギー車導入にあわせ60ポンドレールに交換され、在来のレールは架線柱に転用されている。
◎舞田~八木沢
1975(昭和50)年5月6日

中塩田

電車は元・信濃鉄道の木造ボギー車（1926（大正15）年日本車輌製、池田鉄道デハ2→信濃鉄道デハ1（2代）→鉄道省モハ20001→国鉄モハ1100）が出自のモハ5363を、小田急電鉄がクハ1650形を1958（昭和33）年に車体更新した際、元の半鋼製車体（明治期の木造客車の台枠を使い1941（昭和16）年から製造した小田原急行鉄道クハ600形が出自）を使い、1960（昭和35）年に自社工場で車体更新を行い改番された。
◎モハ5372　中塩田　1975（昭和50）年5月6日

八木沢～別所温泉

別所温泉駅手前の40‰の急こう配区間。丸窓電車モハ5251の後はクハ250形253。出自は神中鉄道（現・相模鉄道）の1940（昭和15）年日本車輌製のキハ50形54、流線形車体を持つディーゼルカーとしての最終増備だが、戦時中は燃料入手不能で客車（ホハ54）から電車の付随車（サハ54）を経て制御車化（クハ1052→クハ1502）、1952（昭和27）年の事故復旧で蒲田車輌にて車体を作り替え、片運転台半流線形正面２枚窓の車体となり、1956（昭和31）年に上田丸子に入線している。
◎モハ5251＋クハ253　八木沢～別所温泉　1959（昭和34）年12月26日

別所温泉駅手前のカーブ付近。モハ5360形5362の出自は、信濃鉄道（現・JR大糸線）が1927（昭和2）年に日本車輌で増備したデハ1形5で、1937（昭和12）年の国有化で鉄道省モハ20形20004になり、戦後の改番でモハ1102に、電装解除でクハ5110、車番振替でクハ5100となり1954（昭和29）年に上田丸子入り。手動進段のHL式で電装されモハ5262で落成し、1958（昭和33）年に制御器を電空カム式に換装し現車番に改番された。その後1960（昭和35）年に小田急電鉄の車体と載せ替えモハ5371に改造されることになる。
◎モハ5362　八木沢〜別所温泉　1959（昭和34）年12月26日

別所温泉

別所温泉駅は２面２線のホームと、駅舎側のホームに繋がる側線があった。電動車（モハ）に牽かれた付随車（サハ）は、駅に到着して客扱いが終わると側線に後退しサハを切り離す。モハはホームへ戻り折返し本線上へ退避すると、側線はホームから見て登り勾配になっているので、ブレーキを緩めたサハは坂を下りホームに停止。モハはホームに戻りサハと連結し、モハとサハを入換える作業が終了し、電車はサハを牽引して上田駅に戻る。側線上のサハ40形41は、飯山鉄道のガソリンカー1937（昭和12）年日本車輌製のキハ101が出自で、国鉄買収を経て1949（昭和24）年に入線。1961（昭和36）年に丸子線へ転属した際に編成の中間車にするため、両側に貫通路が設けられた。丸子線廃止後は別所線へ戻っている。
◎サハ41　別所温泉　1975（昭和50）年５月６日

別所温泉駅は温泉街北側、これ以上鉄路で登れない所に位置する。駅舎を出ると駅前広場は階段状になっており、道路に出るのに階段を上がる。別所温泉北向観音までは500mほど離れている。クハ270形273は、クハ272と共に1961（昭和36）年に上田入りした、相模鉄道クハ2500形2505と2501。出自は東京横浜電鉄（現・東急東横線）キハ1形3と1で、1936（昭和11）年川崎車輌製の流線形車体を持つガソリンカー。東横線での活躍は短く系列の神中鉄道（現・相模鉄道）に移籍し、東急厚木線の時代に電化されると制御車に改造され、1951（昭和26）年に現在の半流線形に改造されている。
◎クハ273　別所温泉　1975（昭和50）年5月6日

うえだまるこでんてつにしまるこせん

上田丸子電鉄西丸子線

　上田駅から青木駅・別所（現・別所温泉）駅間を営業していた上田温泉電軌が、上田と丸子町を直接結ぶために企画し、丸子鉄道と同時期の1923（大正12）年に免許を取得。途中の二ツ木峠のトンネルと依田川の鉄橋の工事に手間取り、1926（大正15）年に依田窪線下之郷駅〜西丸子駅間が開業した。

　1939（昭和14）年に軌道法から地方鉄道法による鉄道に転換、会社名を上田電鉄に、路線名を西丸子線に改めた。1943（昭和18）年に戦時統制令で丸子鉄道と合併し上田丸子電鉄西丸子線となる。

　戦後は西丸子駅と丸子町駅を結ぶ計画もあったが、距離にして400mほどでも高低差が20mあり断念され、また同一会社になったことで丸子線と並走関係となり近代化も後回しにされ、1961（昭和36）年の水害で二ツ木トンネルと依田川鉄橋などに被害を受け休止。1963（昭和38）年に復旧される事なく廃止となった。

上田丸子電気鉄道丸子線・西丸子沿線地図

建設省国土地理院「1/50000地形図」
上田：昭和27年応急修正　坂城：昭和27年応急修正　小諸：昭和27年応急修正

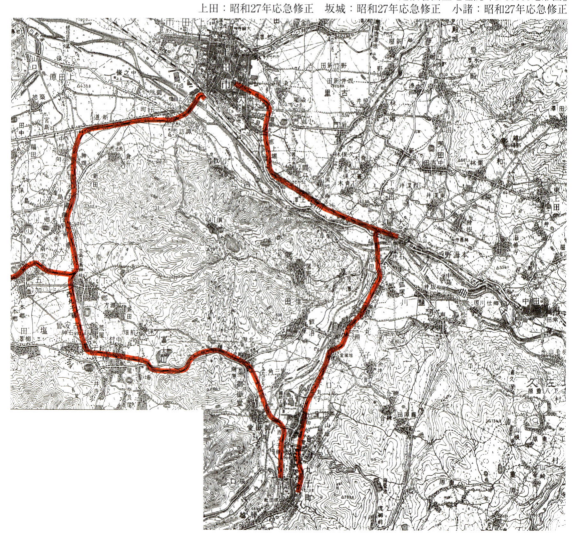

下之郷

下之郷駅に到着する西丸子線の電車。川西線(現・別所線)は生島足島神社がある下之郷地区に迂回して線路を敷いた関係で、駅を出ると大きく右(西)にカーブしている。
◎モハ3212　下之郷　1959(昭和34)年12月26日

日本交通公社時刻表(昭和31年11月号)

粁	円								此　　　間					
		上　田発	557	6 31	651	7 12	7 42			19 41	20 31	21 17	22 04	22 25
2.9	10	上田原〃	603	6 37	657	7 20	7 52	上田発別所温泉.西丸子行		19 47	20 37	21 23	22 12	22 31
6.1	20	下之郷〃	612	6 43	705	7 30	8 03	815. 859.○ 921. 945.1031		19 57	20 45	21 32	22 20	22 40
7.4	25	中塩田〃	615	6 51	707	7 34	8 06	1106.1148.1225.○1313.1320		20 00	20 50	21 35	22 23	22 45
11.6	40	別所温泉着	626	7 02	─	7 45	8 17	1404.1440.1514. 1609. 1625		20 11	21 01	21 46	22 34	22 54
6.1	20	下之郷発	…	6 48	…	7 28	8 15	1651.1724. 1752. 1824. 1846		19 55	20 46	21 32	…	22 41
14.7	50	西丸子着	…	7 11	…	7 53	8 37	○印は西丸子行の接続はない		20 17	21 06	21 55	…	23 02
粁	円	西丸子発	…	6 22	6 57	…	7 36	此　　　間		18 38	19 21	20 21	21 09	21 39
8.6	30	下之郷着	…	6 44	7 25	…	8 02	別所温泉発上田行		19 01	19 44	20 43	21 30	22 02
0.0	円	別所温泉発	558	6 34	7 15	7 23	7 49	821. 907. 954. 1029. 1107		19 01	19 42	20 32	21 18	21 51
4.2	15	中塩田〃	607	6 44	7 24	735	7 59	1153.○1201.1226.1318.1405		19 10	20 41	21 27	22 00	
5.5	20	下之郷〃	611	6 49	7 29	740	8 04	1441.1515.1547. 1634. 1700		19 14	19 55	20 46	21 33	22 04
8.7	30	上田原〃	619	6 58	7 39	751	8 13	1726.1758.1830		19 22	20 03	20 53	21 40	22 11
11.6	40	上　田着	626	7 05	7 46	758	8 20	○印以外は西丸子約20分早発		19 28	20 10	21 00	21 47	22 18

下之郷～宮前

下之郷駅のすぐ南側、写真の右端に別所線の場内信号機が見えている。電車のモハ3120形3121は、1944（昭和19）年に休止となった善光寺白馬電鉄のガソリンカーゼ100（1936（昭和11）年日本車輌製）の譲渡を受けたもの。サハ代用で使われたのち、元・目蒲モハ1形の台車などを使い1948（昭和23）年に電車化されモハ311となり、1950（昭和25）年の改番で現車番となった。
◎モハ3121　下之郷～宮前　1959（昭和34）年12月26日

西丸子

丸子町駅が丸子の街の東の山側にあるのに対して、西丸子駅は街の西側、依田川沿いに位置した。電車のモハ3210形3211と3212の出自は、1922（大正11）年汽車会社製の目黒蒲田電鉄デハ1号形4と5で、形式がモハに変わったあと戦時中に神中鉄道（現・相模鉄道本線）に転籍し、1946（昭和21）年に神中線のモハ63形導入の供出車として上田丸子電鉄へ譲渡、モハ11、12となり、1950（昭和25）年に現車番となった。車体長11m級のダブルルーフの木造車で、ドアの移設とニセスチール化が行われている。
◎モハ3211　西丸子　1956（昭和31）年8月6日

うえだまるこでんてつまるこせん

上田丸子電鉄丸子線

　養蚕による製糸業者を中心に国鉄大屋駅と丸子町を結ぶ鉄道が企画され、1918(大正7)年に大屋駅～丸子町駅間が開業した。当初は電気鉄道で計画されたが建設費を抑えるため蒸気鉄道に変更、千曲川架橋の苦労もあったが開通後は盛況の製糸業の後押しを受け、1924(大正13)年に当初の予定通り電化工事を行い、1925(大正14)年に上田市街地に接する上田東駅までの区間を開通させた。

　1933(昭和8)年には省鉄(国鉄)バスの和田峠線が開業し、ホームでバスと直接乗降ができるように駅舎を改築、丸子鉄道と接続して上諏訪・岡谷駅と結ばれるようになる。

　1943(昭和18)年に戦時統制令で上田電鉄と合併し上田丸子電鉄が発足、丸子線となる。しかし戦後道路が整備されるとモータリゼーションの影響を受け、東急グループによる支援もあったが1969(昭和44)年4月19日限りで全線が廃止となった。

上田東

モハ2320形2321と2322の出自は、近江鉄道が電化時に用意した電車の鋼体化名義で、1946(昭和21)年に日本鉄道自動車工業で新造したクハ20形23と25。近江鉄道では制御車が多く運用が不便だったため1950(昭和25)年に譲渡を受け、電動車化してモハ2320形として落成した。車体長11m級の半鋼製小型車ゆえ編成での定員を確保するため、1962(昭和37)年に片側に貫通路を設けサハ41をはさんだ3両編成で使われている。丸子線廃止後は銚子電気鉄道に譲渡されている。
◎モハ2322　上田東　1964(昭和39)年8月3日

上田東駅構内。電車のモハ3350形は、丸子鉄道が上田東駅延伸時の1925(大正14)年に、デ200形201、202が日本車輌で増備された。デ100形より車体長が伸ばされ3扉になり、側窓上部には飾り窓が設けられ、貨車牽引用に自動連結器を装備している。上田丸子電鉄合併時にモハ210形211、212に、1950(昭和25)年の改番でモハ3150形3151、3152に、1955(昭和30)年に連結運転対応のため、制御器を電空カム式に、ブレーキをSM-3に改造し、現車番に改番された。
◎モハ3352　上田東　1964(昭和39)年8月3日

上田東

上田東駅は駅東側に留置線があり、これらが1本にまとまって踏切があり、写真左側にホームと駅舎があった。踏切標識は進駐軍が指定した様式の物。架線柱は古レールが使われているが、丸子鉄道は電化に際して20kgレールを30kgレールに交換しており、その際に発生したレールを2本合わせて架線柱にしている。電車のモハ3330形3331と3332は、丸子鉄道が電化に際して1925(大正14)年に日本車輛で製造した木造ボギー車のデ100形101と102。デ110形111と112に改番されたあと、上田丸子鉄道合併後1950(昭和25)年の改番でモハ3130形3131と3132になり、制御器を直接式からカム軸式に交換して現車番となった。小型木造車のため1965(昭和40)年に廃車になっている。
◎モハ3331　上田東　1956(昭和31)年8月6日

八日堂

八日堂駅は上田東駅〜大屋駅間の交換駅で、現在のしなの鉄道信濃国分寺駅付近にあった。八日堂は信濃国分寺で毎年1月7日〜8日に開かれる八日堂大縁日に由来し駅名となっている。電車のモハ3220形3223は、モハ3210形(109ページ参照)の3212を種車に、飯山鉄道(現・JR飯山線に一部)キハニ1形5(1931(昭和6)年日本車輛製)を国有化後に譲渡を受け、サハ20形25になっていたものを廃車にして、捻出車体で鋼体化・改番したもの。後ろのモハ3224も同様に気動車の車体を使った鋼体化だが、車体は秋田鉄道(現・JR花輪線の一部)ジハ6が出自で、省鉄キハ36740→キハ40300→東武鉄道キハ21→上田丸子サハ26となる。種車はモハ3214で、鋼体化でモハ3222にて完成した後3224へ改番。両車同時期の日本車輛製なので車体は似ているが、窓配置など寸法は異なる。
◎モハ3223　八日堂　1964(昭和39)年8月3日

岩下～東特前

東特前駅は上田市の工場誘致条例を受けて東京特殊電線が上田工場を造り、その通勤客の利便を図って1961 (昭和36) 年に開業した。左側の建物が東京特殊電線上田工場、電車の後方に東特前駅のホームが見えている。大屋駅から八日堂駅までの間は国鉄信越本線と並行するが、丸子線の廃止後に廃線跡を使い信越本線が複線化されている。
◎モハ3351
岩下～東特前
1964 (昭和39) 年8月3日

上丸子～丸子町

丸子町駅の手前、丸子町立丸子小学校 (現・上田市立丸子中央小学校) の北側で、学校敷地の高台から撮影。電車後方のカーブの先が上丸子駅、キロポストが見えるが6kmのもので、建設された経緯から大屋駅に0kmポストがあり、丸子町駅・上田東駅に向かって加算されている。
◎モハ3352
上丸子～丸子町
1956 (昭和31) 年8月6日

丸子町

上田城址にあった上田市の鳥観図
◎1959（昭和34）年12月26日

終点の丸子町駅は省鉄（国鉄）バス和田峠線が接続し、バスとの乗換えに利便を図って駅舎前にバスが乗入れる構造で建てられていたが、1952（昭和27）年に現在の駅舎に改築された。「まるこまち」が正式名称だが訛って「まりこまち」とも読まれ、駅名標もその様に書かれていた時期もあったが、撮影時には直されている。電車区があり構内は広く、待機するモハ2340形2341と2342は元・山梨交通モハ7と8（159ページ参照）で、同線の廃止後1963（昭和38）年に上田丸子電鉄にやってきた。車体幅が狭いので張り出しステップを新設し、在来の可動ステップは撤去されている。丸子線廃止後は江ノ島鎌倉観光（現・江ノ島電鉄）に移った。
◎モハ2341　丸子町　1964（昭和39）年8月3日

くさかるでんきてつどう

草軽電気鉄道

　草軽電気鉄道は草津温泉へのルートと白根山で産出する硫黄を輸送するために、草津興業会社が1909(明治42)年に認可を受け、会社名を草津軽便鉄道に改め1915(大正4)年に新軽井沢駅〜小瀬駅間を開業させる。1917(大正6)年に吾妻駅まで、1919(大正8)年に嬬恋駅まで開業した。

　ナローゲージの蒸気鉄道だったが、1923(大正12)年に吾妻川上流の水利権を得た吾妻川電力の傘下になり1924(大正13)年に草津電気鉄道に改称。吾妻川電力の電力供給先の東京電燈から電気機関車を調達し電化を完成、発電所建設資材輸送に使われた。また吾妻川に架橋して1926(大正15)年に草津温泉駅までの全線が開業している。

　沿線は別荘地として開発され、地蔵川駅付近に法政大学村が建設され駅名も北軽井沢駅に改称される。

　1939(昭和14)年に日本窒素硫黄の傘下に移り、草軽電気鉄道に改称される。1941(昭和16)年に軽井沢口の区間運転用に電車も新造されたが、戦火で行楽輸送は無くなり会社は1945(昭和20)年に東京急行電鉄の傘下となった。

　戦時中に群馬鉄山の鉱石輸送のために国鉄長野原線(現・JR吾妻線)が開業すると貨物や人のルートが変わり貨物・旅客輸送とも減少。1949(昭和24)年には台風で被害を受け、新軽井沢駅〜上州三原駅の廃止が議決される事態となるが、復旧させ営業を続けていたが1959(昭和34)年に再び吾妻川橋梁が流失する被害に遭う。

　この区間のバス連絡で輸送を続けたが、貨物輸送は主力の硫黄輸送が、石油精製で発生する脱硫硫黄に替わり激減し、残りもトラックに移行。乗客も道路整備によりバスに移行し、1960(昭和35)年に新軽井沢駅〜上州三原駅間は廃止、1962(昭和37)年に残る上州三原駅〜草津温泉駅も廃止となった。

草軽電気鉄道沿線地図①

建設省国土地理院「1/50000地形図」
軽井沢：昭和26年資料修正

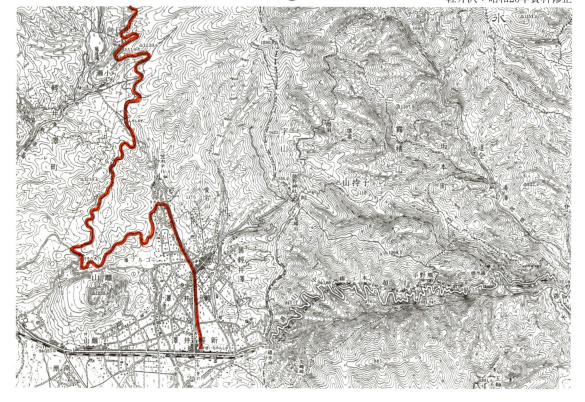

草軽電気鉄道沿線地図②

建設省国土地理院「1/50000地形図」
軽井沢：昭和26年資料修正

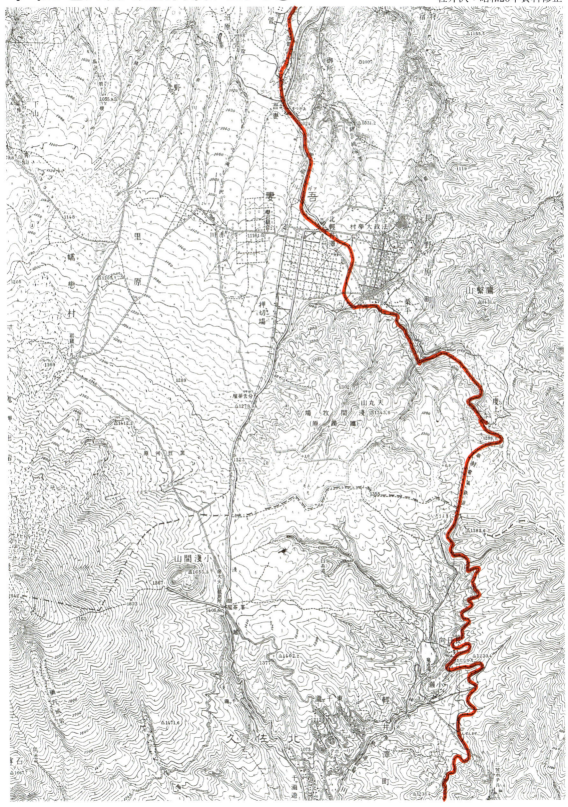

草軽電気鉄道沿線地図③

建設省国土地理院「1/50000地形図」
草津：昭和27年応急修正

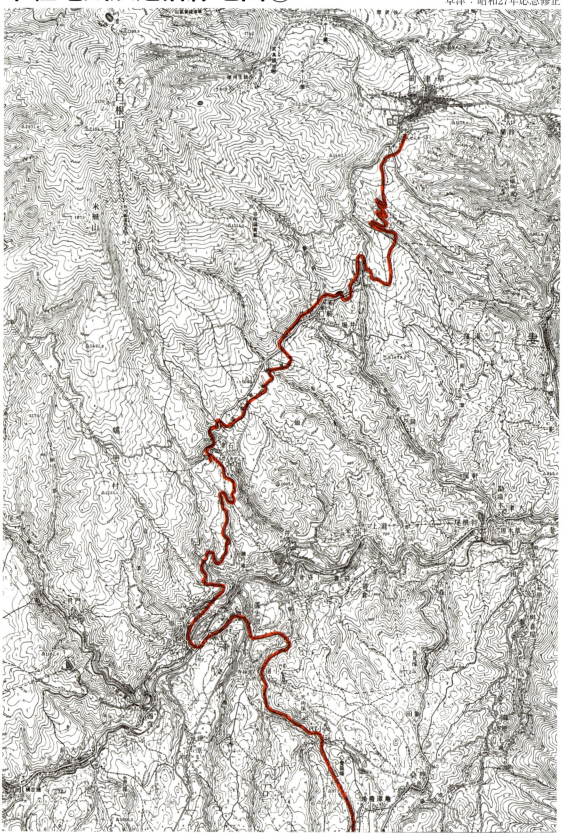

新軽井沢～旧軽井沢

新軽井沢駅の北側、現在の東雲交差点の東側付近。避暑別荘地として開発され始めていたが、旧・中山道軽井沢宿（旧軽井沢）が中心だったため、国鉄軽井沢駅の北側はまだ別荘地になっていなかった。昭和30年代後半に開発されていくことになる。
◎デキ19　新軽井沢～旧軽井沢　1957（昭和32）年5月14日

日本交通公社時刻表（昭和31年11月号）

31.11.1訂補						新軽井沢 ━━ 草津温泉 運							(草軽電鉄)
5 30	8 35	10 35	12 20	14 35	16 43	粁	円	発新軽井沢着↑	10 17	11 52	14 00	16 21	18 03	20 27	…
6 11	9 18	11 16	13 01	15 25	17 28	10.0	30	〃小瀬温泉発	9 39	11 17	13 22	15 45	17 27	19 51	…
6 39	9 49	11 45	13 29	15 55	17 57	17.3	60	〃国境平〃	9 14	10 46	12 54	15 20	17 02	19 26	…
7 08	10 17	12 13	13 57	16 25	18 26	25.8	90	〃北軽井沢〃	8 37	10 02	12 14	14 43	16 24	18 49	…
7 49	10 57	12 51	14 34	17 04	19 10	37.9	130	〃上州三原〃	7 48	9 13	11 20	13 52	15 32	18 00	…
9 02	12 11	14 10	15 48	18 17	20 22	55.5	190	着草津温泉発↓	6 45	8 10	10 15	12 45	14 25	16 53	…

二度上

二度上駅はZ型スイッチバック構造で、列車が停まっている線が栗平駅から登ってきた線路。ここで折返し左側の線路に入り、さらに折返し国境平駅に向かう。写真左端に国境平に向かう線路の架線が見えている。線路が2回折り返して登るので「二度上駅」になったと言われているが、開業前の大正元年測量の地図に「二度上」の地名が見られる。
◎デキ13　二度上　1957（昭和32）年5月15日

栗平駅を出ると浅間山の溶岩台地に出て、浅間山が眺められる。
◎栗平～北軽井沢　1957（昭和32）年5月15日

草軽電気鉄道沿線風景

三笠駅を出ると等高線に沿って高度を上げ、比較的なだらかな国境平で峠を越えると、熊川沿いに一気に下っていく。
◎国境平～二度上　1957（昭和32）年5月15日

北軽井沢

開業時は地蔵川駅だったこの周辺の土地は、北白川宮家の牧場の払下げ地で草津興業が取得していた。1920（大正9）年に法政大学松室学長がこの地に理想的な教育の場「法政大学村」を構想して購入、1928（昭和3）年から開発が始まる。第二期にあたる1929（昭和4）年に、法政大学村より善光寺をモデルとした社寺風駅舎の寄進があり、駅名も北軽井沢駅に改められた。デキ18に牽かれるホト100形には硫黄鉱山で使われる石炭が積載されている。
◎デキ18　北軽井沢　1957（昭和32）年5月15日

北軽井沢駅から降りる小学生の団体は遠足に向かうのか？そのために客車を増結したのか機関車と客車2両の編成になっている。機関車後ろの車両は窓配置からホハ21形。出自は西尾鉄道が1922（大正11）年に製造した木造ボギー車。合併で愛知電気鉄道西尾線になったあと、1929（昭和4）年の電化・改軌で余剰になり草津電気鉄道にやってきた。
◎デキ13　北軽井沢　1957（昭和32）年5月15日

草津前口

草軽電気鉄道で使われた機関車は、東京電燈が1920(大正9)年に信濃川発電所建設用に調達したものの譲渡を受け、1924(大正13)年の電化時からデキ12形12～20として使用している。当初はL型の坑内用機関車に運転台部分に囲いを付けただけで運転されたが、脱線対策として側面に死重を取付け、両端に先輪を追加している。
◎デキ13　草津前口　1957(昭和32)年5月15日

白根山は硫黄の産地で、湯窪駅から草津温泉駅の各駅は鉱山と索道が結ばれ産出した硫黄が運ばれた。草津前口駅には八所硫黄鉱山からの索道が通じている。貨車チト58形58は、1922（大正11）年雨宮製作所製7トン積み無蓋貨車、硫黄輸送は水濡れ防止のためシートが被せられている。硫黄は128ページの写真左端に見える様に有蓋貨車のコワフ100形でも運ばれている。
◎デキ13　草津前口　1957（昭和32）年5月15日

草津温泉

草津温泉駅は1926（大正15）年に開業するが、当時はホーム手前のカーブの手前に行止り式のホームと駅舎があった。戦時中に従来のホームと駅舎を取り壊し国道沿いの位置へ移転している。ホーム上屋の柱には古レールが使われ、駅を横切って硫黄を運ぶ索道が見えている。
◎デキ13　草津温泉　1957（昭和32）年5月15日

草津温泉駅停車中のデキ13とホハ31の編成。ホハ30形は1933（昭和8）年から1938（昭和13）年に30～33の4両が日本車輌で製造された。浅間山が見渡せる側がクロスシート、反対側はロングシートの座席配置になっており、窓越しにクロスシートが見えている。
◎ホハ31　草津温泉　1957（昭和32）年5月15日

かんさいでんりょく

関西電力

　関電トンネルは黒部ダムを建設するために掘削、難工事の末に完成した。黒部ダムは国立公園特別地域内に建設されるため、厚生省（当時）の許可条件に「工事用として建設される道路は、工事竣工後はこれを公衆の利用に供すること」という一文があり、長いトンネル内に排気ガスが充満せず環境にやさしいトロリーバスで旅客輸送を行うことになり、1964（昭和39）年に扇沢駅〜黒部ダム駅間6.1kmの関電トンネルトロリーバスが開業した。

　トンネル内は断面サイズから単線とされ中間に交換所を設け、両端の駅は折り返しのためループ線になっている。1993（平成5）年から第2世代の300形に置き換えられたが、その後の電気バスの技術向上により2018（平成30）年11月でトロリーバスの運行を終了し、鉄道線としては廃止。翌2018（平成30）年のシーズンからは電気バスでの運転となっている。

関西電力沿線地図

建設省国土地理院「1/50000地形図」
立山：昭和53年修正

扇沢

扇沢駅には車庫が設けられており、日常点検のほか、冬季の運休時に車両整備が行われる。
◎101　扇沢　1975(昭和50)年5月5日

扇沢駅の乗り場は多くは建物内で行えるが、多客期で運行台数が多い時は外側でも乗車を扱っていた。
◎102　扇沢　1975(昭和50)年5月5日

扇沢

1971（昭和46）年の黒部アルペンルート全線開通を控え、1969（昭和44）年から1973（昭和48）年に200形201〜205が増備された。客室扉は中央に外吊りの両開きを備え、室内は横向きシートに変更され定員増が図られている。前扉は乗務員扉とされ小型化された。後ろの建物は乗車ホームと一体となった車庫。
◎205　扇沢　1975（昭和50）年5月5日

スキーや登山客の団体など荷物が多い場合はトラックに積み込み、トロリーバスと続行運転で運ばれた。降車は建物の外側の上屋付きホームで行われた。
◎扇沢　1975（昭和50）年5月5日

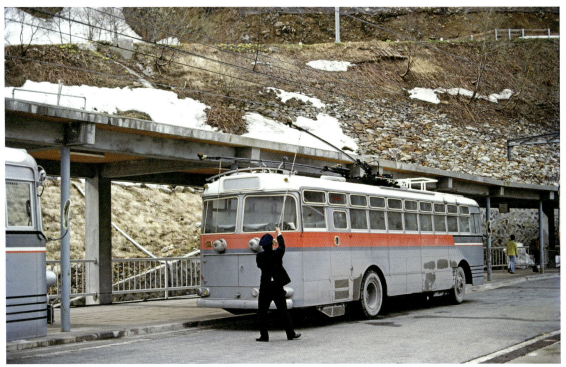

車庫から本線上へ出るとトロリーポールを上げる。レールへの帰線ができないのでポールは＋と－の2本を装備する。両端はループ線になって架線の極性が入れ替わるため、車両側に継電器を設け極性をそろえている。ポールの前にある白いアンテナは、トンネル内の信号操作用のもの。
◎202　扇沢　1975（昭和50）年5月5日

扇沢

1966（昭和41）年から1968（昭和43）年に100形の107〜110が増備された。前扉のみで前向き座席と装備は変わらないが、ヘッドライトベゼルが楕円形に変更されている。
◎110　扇沢　1975（昭和50）年5月5日

開業時には100形101〜106が用意された。車体の製作は大阪車体だがヘッドライトベゼルは呉羽自動車製のものが取り付けられている。扇沢駅を出るとトンネル入り口までの急こう配を登る。
◎102　扇沢　1975（昭和50）年5月5日

黒部ダム

黒部ダム駅は黒部ダム東側の山の中に位置し、折返しのためループ線になっている。
◎黒部ダム　1975（昭和50）年5月5日

まつもとでんきてつどうかみこうちせん

松本電気鉄道上高地線

　梓川流域の住民の要望と、上高地を主とする観光開発、さらに岐阜県との連絡を夢見て筑摩鉄道を設立、松本～竜島間の免許を取得し、1921（大正10）年に松本駅～新村駅間を、翌1922（大正11）年に波多（現・波田）駅・島々駅と開業し、会社名を筑摩電気鉄道に改めた。

　会社は1924（大正13）年に浅間線を開業させ、1926（大正15）年開業の布引電気鉄道への支援も行ったが、どの路線の経営も苦しいもので、未成区間の島々～竜島間は梓川架橋や用地問題で着工が出来ず1929（昭和4）年に免許が失効している。

　1932（昭和7）年に松本電気鉄道に商号を変更、減資を行うほどの経営難だったが、1933（昭和8）年に上高地までのバス路線が開通、戦時中の陸運統制令で周辺のバス会社は松本電気鉄道に合併され、バス路線網の基礎となった。

　戦後は鉄道線の車両近代化を実施、路線名を1955（昭和30）年に島々線から上高地線に変更し、島々駅でバスに乗り継ぎ上高地へ向かう観光ルートが出来上がった。島々駅では手狭になったため1966（昭和41）年にバス乗り継ぎは赤松駅を新島々駅に改称して整備、移転された。

松本電気鉄道上高地線沿線地図②

建設省国土地理院「1/50000地形図」
松本：昭和45年応急修正

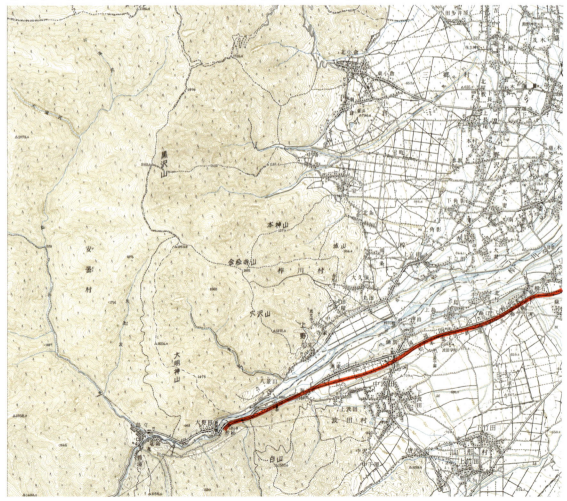

◎島々　1975（昭和50）年5月6日

松本電気鉄道上高地線沿線地図①

建設省国土地理院「1/50000地形図」
松本：昭和45年応急修正

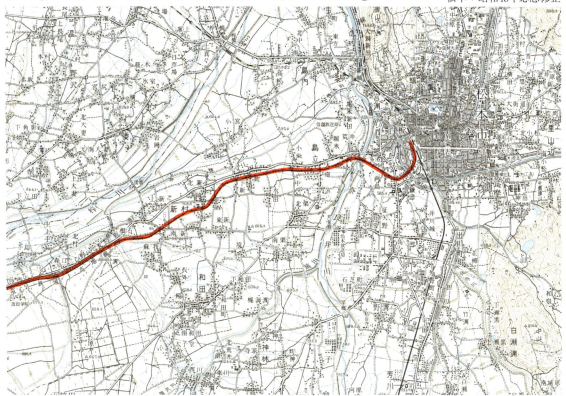

松本～西松本

松本駅は、筑摩鉄道開業当時は私鉄だった信濃鉄道(現・JR大糸線)とホームを共用しており、現在も引き継がれている。松本駅を出ると90度曲がり西松本駅に到着する。電車のデハ13は、1923(大正12)年梅鉢鉄工所製の武蔵野鉄道サハ105が出自で、西武鉄道モハ105になっていたものを1950(昭和25)年に譲渡を受けた。1960(昭和35)年に鋼体化されモハ107に改造される。
◎デハ13　松本～西松本　1956(昭和31)年8月5日

渕東～赤松

赤松(現・新島々)駅に進入するモハ10形107。島々駅は駅前広場が狭かったため、赤松駅にバス乗り継ぎ場所を設け1966(昭和41)年に新島々駅に改称している。
◎モハ107　赤松　1964(昭和39)年7月11日

14kmポストが見えている、赤松（現・新島々）駅手前付近。2両目のクハ10形102は、144ページのクハ16を1964（昭和39）年に鋼体化改造したもの。
◎モハ10形＋クハ102　渕東～赤松　1964（昭和39）年7月11日

赤松〜島々

島々線は梓川の扇状地を進むので、梓川沿いに走るのは島々駅手前の僅かな区間。1983(昭和58)年にこの付近で大風による災害が発生し新島々駅〜島々駅間が運休となり、1985(昭和60)年に廃止されている。
◎モハ109　赤松〜島々　1964(昭和39)年7月11日

モハ10形は老朽化した木造電車の置換えのため、1958(昭和33)年から日本車輌で種車の部品を使い、全金属標準車体に載せ替えて鋼体化を行った。同型車は新潟交通・岳南鉄道・京福電気鉄道福井支社にある。モハ10形は、屋根周りは当初窓回りと同じシルバーグレーだったが、1975(昭和50)年頃から車体下部と同じオレンジ色が塗られるようになった。
◎モハ103+モハ107　モハ109　島々　1975(昭和50)年5月6日

勾配を登りつめて島々駅に到着する。この先安曇村の竜島まで免許を取得したが、用地取得や梓川架橋の問題で建設が出来なかった。駅構内も傾斜があるので、逸走防止のストッパーがホーム端に取付けてある。
◎モハ103　モハ109
島々
1975(昭和50)年5月6日

島々

デハ1形3は1923（大正12）年日本車輌製、直接制御のダブルルーフの木造車。1959（昭和34）年にモハ103として鋼体化されるが、改造の前に制御器を直接制御から連結運転ができるHL間接制御に交換している。クハ29形16は、1926（大正15）年日本車輌製の池田鉄道デハ1が出自で、信濃鉄道への譲渡でデハ3・国有化で国鉄モハ20003・付随車化されクハ29013となったものを、1952（昭和27）年に譲渡を受けた。
◎クハ16　デハ3　島々　1956（昭和31）年8月5日

日本交通公社時刻表（昭和31年11月号）

31.8.28訂補	松本―島々―浅間温泉 連 （松本電鉄）
610 710　此間　800.820.900　2155 2240　粁　円　発松本圏着　550　此間　617.705.729.755　2226
625 725　1000.1105.1210.1310.1420　2210 2255　6.2　25　〃新　村発　535　848.955.1100.1217.1317　2211
639 739　1522.1610.1650.1730.1800　2224 2309　11.1　40　〃波　田〃　524　1415.1518.1543.1618.1700　2200
650 750　1840.1930.2010.2105　2235 2320　15.7　55　着島　々発　515　1753.1847.1925.2017.2100　2150
松本―浅間温泉　5.3粁　20円　520―2252　10―20分毎　所要18分

モハ109は、1927(昭和2)年汽車会社製のホデハ9を1961(昭和36)年に鋼体化改造を行ったもの。鋼体化の前に連結運転対応のためHL間接制御に改造している。
◎モハ109　島々　1975(昭和50)年5月6日

まつもとでんきてつどうあさません

松本電気鉄道浅間線

　島々線を開業させた筑摩電気鉄道は、松本から浅間温泉を結ぶ路面電車の計画を立て、1924（大正13）年に松本駅前〜浅間温泉間5.3kmが開業した。

　昭和に入りバス路線が充実してくると苦しい経営が続き、戦時中は不要不急路線に指定されそうになるが、沿線に歩兵連隊があり廃線は免れた。

　戦後もバス路線との競合は続き、1961（昭和36）年に廃止が議決され、1964（昭和39）年3月末限りで廃線となった。

松本電気鉄道浅間線沿線地図

建設省国土地理院「1/25000地形図」
豊科：昭和6年修正測圖
松本：昭和30年資料修正

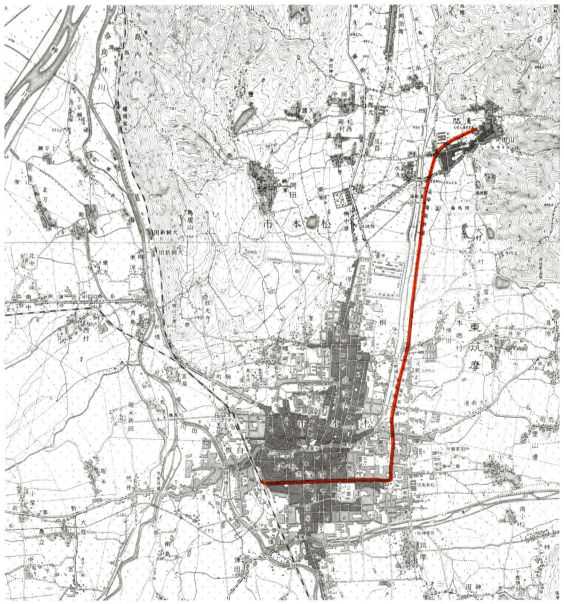

松本駅前

1949(昭和24)年に松本駅前の停留所は、駅前広場から駅舎北側の専用軌道敷の駅へ移転した。国鉄線路とは直交する形になり、ホーム上屋の先に蒸気機関車のドームが見えている。ホデハ4・5は開業直後に製造認可は下りたが、入線は1926(大正15)年になった。二重屋根を持つ高床木造ボギー車でデッキ部分は一段低くなっている。ホデハ5は1931(昭和6)年の浅間線車両を偶数に統一する際にホデハ2に改番された。
◎ホデハ2　松本駅前　1956(昭和31)年5月8日

松本駅前〜本町

松本駅前停留所は1932（昭和7）年に駅前通りの東側から駅前広場に移転し、路線が0.1km延伸されている。ホデハ12は1929（昭和4）年日本車輌東京支店製で、ホデハ10として落成。1931（昭和6）年にホデハ12に改番している。モーターは中古品が用意され、後に換装されたが出力30kwの弱いモーターを付けている。
◎ホデハ12　松本駅前〜本町　1956（昭和31）年5月8日

筑摩電気鉄道開業当時の松本駅前停留所は、電車が停まっているやや後方に乗り場があった。ホデハ10はホデハ7として落成したが、1931（昭和6）年にホデハ10に改番された。
◎ホデハ10　松本駅前〜本町　1962（昭和37）年9月1日

◎ホデハ12　松本駅前〜本町　1963(昭和38)年9月3日

日の出町～清水

学校前停留所で半径12mのカーブで北に曲がり、日の出町停留所を過ぎると浅間温泉駅までの区間は専用軌道区間となった。
◎ホデハ4
日の出町～清水
1956（昭和31）年5月8日

松本駅前〜本町

開業当時は電車の後方付近に国府町停留所があったが、戦時中に休止されている。電車のホデハ6〜8は、開業時に用意した木造単車のデハ1〜3を布引電気鉄道に譲渡したため、1927（昭和2）年に汽車会社東京支店で製造された。屋根が丸屋根になりモーター出力が48kwに増強された。
◎ホデハ8
松本駅前〜本町
1963（昭和38）年9月3日

日本交通公社時刻表(昭和31年11月号)

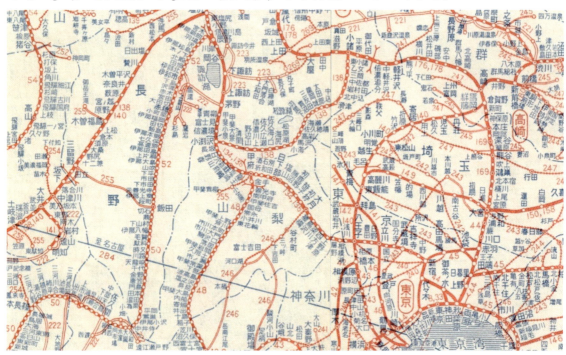

第3章

山梨県

・山梨交通
・富士急行

やまなしこうつう

山梨交通

　甲府盆地の鉄道は官設鉄道(現・JR中央本線)より早く、甲府市内柳町と勝沼、富士川の港町だった鰍沢の間に山梨馬車鉄道が開通している。しかし1903(明治36)年に官設鉄道が甲府駅まで開業すると勝沼方面の路線は影響を受け石和〜勝沼間は廃止、柳町〜甲府駅前間を開業させている。

　その後富士身延鉄道の甲府延伸が決まると鰍沢方面の路線も競合になるため、釜無川右岸の峡西地方で鉄道建設を目指していた甲府電車軌道に買収され、1928(昭和3)年に馬車鉄道は休止、会社名を山梨電気鉄道に改め、1930(昭和5)年に貢川駅〜大井(後の甲斐大井)駅間を皮切りに、甲府市内は道路拡張に苦労しながら1932(昭和7)年に甲府駅前駅〜甲斐青柳駅間が開通した。しかし免許を受けた鰍沢へは一部工事を行ったものの開業することは出来なかった。

　その後山梨電気鉄道は経営難により銀行の管理下となり、地元電力会社の峡西電力により峡西電気鉄道が設立され、同社が山梨電気鉄道を買収して運転を継続した。陸運統制令により1945(昭和20)年に、バス会社の山梨開発協会が母体となり峡西電気鉄道も合併し山梨交通が発足すると、同社電車部となった。

　戦後も高い輸送量があったが、道路整備によりバス路線が充実してきたうえ、1959(昭和34)年に台風で大きな被害を受けたこともあり1961(昭和36)年に電車部の廃止を決定。1962(昭和37)年6月末限りで廃止となった。

◎モハ8　甲斐飯野〜倉庫町　1961(昭和36)年1月21日

山梨交通沿線地図

建設省国土地理院「1/50000地形図」
甲府：昭和27年応急修正　鰍沢：昭和32年資料修正

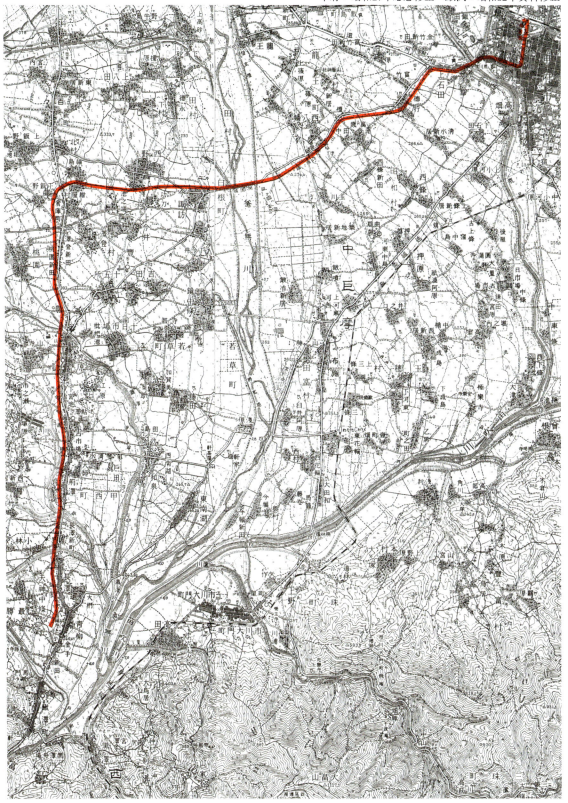

甲府駅前〜警察署前

山梨交通の甲府駅前駅は、1953（昭和28）年に駅前広場から国鉄甲府駅南東側に移転し駅舎が建てられた。
◎モハ8　甲府駅前　1962（昭和37）年1月21日

甲府駅前〜警察署前間は駅前広場と平和通り新設のため、県庁西側を通っていたものを東側の舞鶴城公園（甲府城址）の中を通るルートに変更され、甲府駅前駅も2階に山梨交通事務所を設けた駅舎に移転している。右側は甲府城の石垣、県庁のある左側は低くなっており、電車は未舗装道路の坂を上り下りしていた。遠くに見える塔は、国鉄甲府駅構内の照明塔。
◎モハ8　甲府駅前〜警察署前　1962（昭和37）年1月21日

現在の甲府警察署東交差点。警察署前停留所は交差点南側（電車進行方向の先）にある。馬車鉄道時代はこの交差点を東（写真右方向）に曲がっていた。日本勧業銀行が入るビルは建直されたが、現在もみずほ銀行甲府支店が入っている。戦後、山梨交通の電車の色は何度か変えられており、最終的にオレンジ色に窓回り銀色の塗装になった。
◎モハ1　甲府駅前〜警察署前　1956（昭和31）年8月3日

上石田〜貢川

荒川に架かる荒川橋までの区間が甲府市街地で、あとは田圃や桑畑が広がる所を西に向かって走り、甲斐飯野駅で方向を南に変えて富士川街道沿いに甲斐青柳駅へ向かった。電車のモハ7形は1948(昭和23)年に汽車会社東京支店で2両製造された。モハ1形より全長がやや長く、ドアステップが無いため車外の折畳みステップが2段になっている。
◎モハ8　上石田〜貢川　1961(昭和36)年1月21日

上石田駅は最初の交換駅、朝晩の30分間隔運転の時間は、今諏訪駅のほかに上石田駅と小笠原駅でも電車の行き違いが行われた。定期電車の行き違いに続いてデワが続行で出発する。
【158ページ写真上】◎モハ1　モハ5　デワ1　上石田　1961(昭和36)年1月21日
【158ページ写真下】◎デワ1　上石田　1961(昭和36)年1月21日

貢川

貢川駅東側にて、入換作業の間合いであろうか。デワ１形は電車開業時の1929（昭和４）年に雨宮製作所で製造された木造７トン積み電動貨車。足回りは２軸台車ではなく、貨車同様の２軸単車であった。国鉄線と連絡はなく線内の貨車も居なかったが、自動連結器を装備していた。ヘッドライトは他車同様に取り外し可能、正面窓が１つで「一つ目小僧」と言われていたが、撮影年の３月に故障で不動状態になり今諏訪駅側線にて留置、そのまま解体された。
◎デワ１
貢川
1961（昭和36）年１月21日

甲斐飯野〜倉庫町

倉庫町駅の北側、甲府盆地から富士山の頂は眺めることができるが、手前の山並みで遮られるので、この付近が一番富士山を眺めることができる。電車の1形は開業に合わせて1929(昭和4)年に雨宮製作所で6両製造され、開業から廃線まで主力として働いた。アライアンス式自動連結器と総括制御装置を装備していた。
◎モハ5
甲斐飯野〜倉庫町
1961(昭和36)年1月21日

ふじきゅうこう

富士急行

　富士登山の拠点吉田（現・富士吉田市）への鉄路は、御殿場駅から籠坂峠を越え御殿場馬車鉄道と都留馬車鉄道での乗継で結ばれたが、大月駅が開業すると富士馬車鉄道と都留馬車鉄道との乗継ぎがメインルートとなった。輸送力を確保するため異なる軌間を統一・電化する事になり、1921（大正10）年に富士電気軌道の大月駅〜金鳥居上駅間の電車直通運転が開始された。
　しかし軌間762mmナローゲージの路面電車のため、本格的な鉄道線を建設するために富士山麓電気鉄道が設立され富士電気軌道の事業を引継ぐとともに、現在の富士急行線になる大月駅〜富士吉田（現・富士山）駅間を1929（昭和4）年に開業し、在来の軌道線は廃止された。
　1950（昭和25）年に河口湖駅まで延伸、1960（昭和35）年に会社の事業内容を富士山の観光・運輸の両軸とするため、富士急行に社名を変更した。
　2021（令和3）年に分社化され、元の社名の富士山麓電気鉄道になっている。

富士急行沿線地図①

建設省国土地理院「1/50000地形図」
都留：昭和53年修正

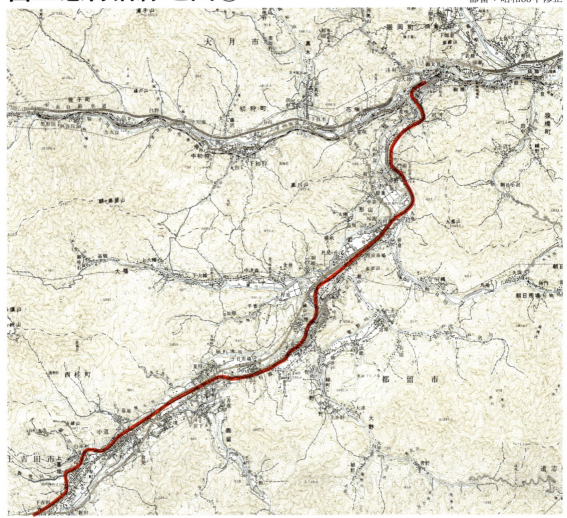

◎3100形　三つ峠〜暮地　1961（昭和36）年1月28日

富士急行沿線地図②

建設省国土地理院「1/50000地形図」
都留：昭和53年修正　山中湖：昭和53年修正

大月

大月駅は国鉄大月駅の西側に隣接するが、貨物扱い施設を取り込むように富士急行線が乗入れたため、中央本線ホームとは斜めにホームが設置されている。電車のモハ500形507は、508と共に開業時に用意されたモハ1形の増備として戦時中に着手され、戦後の1945(昭和20)年にモハ7・8として落成したもの。半鋼製車体は日立製作所で1941(昭和16)年に完成しており状態はよく、1952(昭和27)年に現車番に改番後、他の車両が近代化改造される中そのまま使用された。
◎モハ507+モハ505　大月　1961(昭和36)年1月28日

三つ峠

三つ峠駅を出発する大月行き。富士急行線は桂川に沿って一方的な登り勾配で峠は越えないが、駅名は三つ峠山登山口から命名された。電車のモハ500形の501〜505は、開業時に用意されたモハ1形1〜5、10（4を改番）を、1952（昭和27）年から翌年にかけて日本車輌東京支店で車体更新を行ったもの。このあと近代化工事が行われモハ3600・3630形に改造される。前寄りはクハニ801形803で、国鉄の並形木造客車を阪和電気鉄道（JR阪和線）経由で譲受け木造車体を更新して入線したが、1952（昭和27）年に汽車会社で車体更新を行ったもの。
◎モハ501＋クハニ803　三つ峠〜暮地　1961（昭和36）年1月28日

三つ峠〜暮地

163ページの撮影場所の近く、上暮地浅間神社の北側付近。暮地駅は1981（昭和56）年に寿駅に改称されるが、1960（昭和35）年に西桂町の一部を富士吉田市へ編入する際に、自治会名を「寿」としたことに由来する。電車の3100形は、会社創立30周年を記念して製造され、1956（昭和31）年に日本車輌東京支店で製造され2両1ユニット、狭軌線では初めてWN駆動を採用する新鋭車。1958（昭和33）年に2編成目が増備されている。
◎モハ3101＋モハ3102　三つ峠〜暮地　1961（昭和36）年1月28日

日本交通公社時刻表（昭和40年12月号）

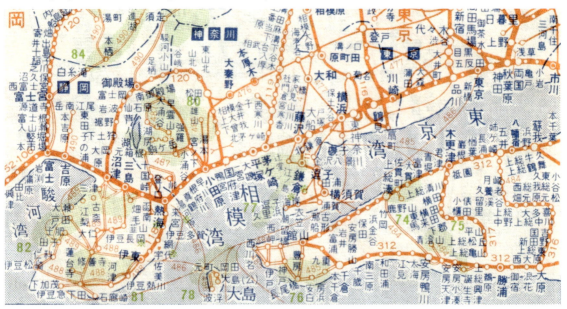

第4章

静岡県伊豆地方

・伊豆箱根鉄道
・伊豆急行

いずはこねてつどうすんずせん

伊豆箱根鉄道駿豆線

　駿豆線は、東海道線が御殿場を経由したことでルートから離れてしまった三島の街を鉄道に接続するために、1898(明治31)年に東海道線に三島(現・下土狩)駅を新たに開設し、三島町(現・三島田町)駅を経由し南條(現・伊豆長岡)駅間を蒸気鉄道で開業した豆相鉄道に始まる。

　1899(明治32)年に計画区間の大仁駅まで開業するが経営は苦しく、1907(明治40)年に会社清算のうえ事業を伊豆鉄道へ引き継いだ。1912(明治45)年に三島～沼津間の路面電車を営業していた駿豆電気鉄道に買収される。

　さらに会社は電力会社の合併で1916(大正5)年に富士水力電気となるが、鉄道部門は1917(大正6)年に駿豆鉄道として分離。1918(大正7)年に三島町駅～大場駅間を、翌1919(大正8)年に残りの区間の電化工事を行い、1924(大正13)年に修善寺駅までの延伸を図る。

　1934(昭和9)年の丹那トンネルの開通で国鉄東海道本線のルートが変わり、新しい三島駅に接続するため三島駅～三島広小路駅の線路を付替えている。

　1938(昭和13)年に伊豆進出を狙う箱根土地(後の西武グループ)により箱根遊船と合併し駿豆鉄道箱根遊船となるが、1940(昭和15)年に駿豆鉄道に再改称し、1941(昭和16)年に大雄山鉄道を合併している。

　国鉄車両の修善寺駅乗入れは1933(昭和8)年から週末に運転されたが、東海道本線ルート変更で終了。戦後1948(昭和23)年から再開され、1950(昭和25)年から80系電車による乗入れも始まった。1957(昭和32)年に伊豆箱根地区の観光開発を明確にするために、会社名を伊豆箱根鉄道に改称。1959(昭和34)年に架線電圧を1500Vに昇圧し、輸送力増強と国鉄車両乗入れ強化が図られている。

伊豆箱根鉄道駿豆線沿線地図②

建設省国土地理院「1/50000地形図」
修善寺：昭和53年修正

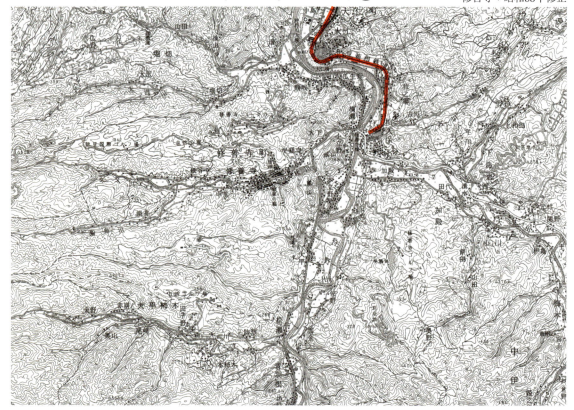

伊豆箱根鉄道駿豆線沿線地図①

建設省国土地理院「1/50000地形図」
沼津：昭和53年修正

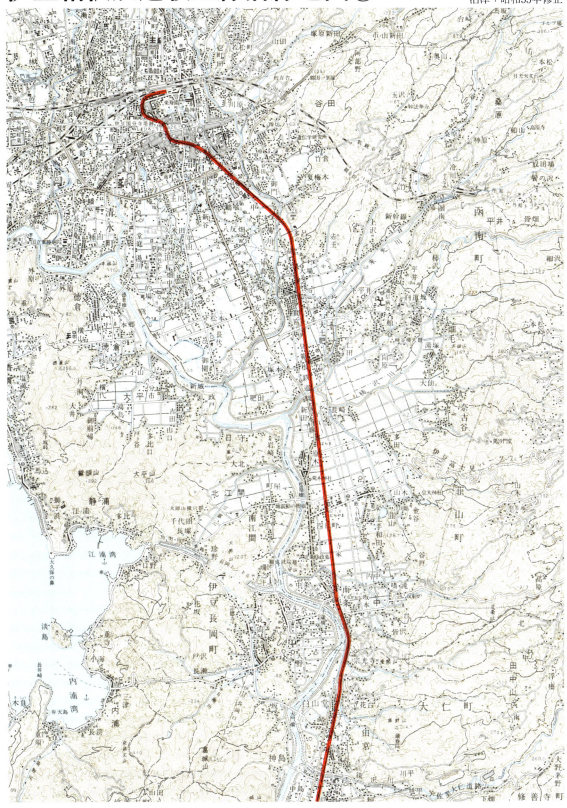

三島

三島駅での国鉄車両の乗入れはジグザクの入換えが必要だったが、1959（昭和34）年に駿豆線が昇圧されると国鉄下り1番ホームの中程から分岐し、駿豆線へ乗入れる線路が新設され乗入れ列車が増発された。電車のモハ50形は17m級国電の戦災車を復旧したグループで、写真のモハ50は国鉄モハ50102を復旧、張上げ屋根は残されているが貫通扉は埋められている。
◎モハ50　三島　1960（昭和35）年2月20日

手前の線路が軌道線からの連絡線、1959（昭和34）年の駿豆線昇圧前は軌道線の車庫は三島田町駅にあり、路面電車が乗入れていたが、昇圧で線路は分断されている。機関車のED33は、1947（昭和22）年製の東芝標準型電気機関車を西武鉄道から借受け、1952（昭和27）年に譲り受けた。線内貨物列車のほかに、国鉄からの直通客車列車牽引にも使われた。
◎ED33　三島広小路　1962（昭和37）年9月15日

三島広小路

三島広小路駅は路面電車の駿豆電気鉄道に接続するため1914(大正3)年に広小路連絡所として開業、1928(昭和3)年に三島広小路駅と改称している。左側の線路は軌道線との連絡線路の跡。モハ50形59も国鉄戦災復旧車で、モハ50117の復旧となっているが、張上げ屋根ではなく雨樋が付けられている。
◎モハ59　三島広小路　1959(昭和34)年7月2日

三島田町

三島田町駅は三島の街中心部の南側に位置し三島町駅として開業、1956 (昭和31) 年に改称された。1959 (昭和34) 年まで車庫や工場を併設していたが、大場に移転している。電車はモハ60形63、クハ60形の61・62だった両車が電動化されてモハ60形に改造され、その後1960 (昭和35) 年に国鉄クハ16457を自社工場で電装化し、続番のモハ63として落成している。張上げ屋根車だが国鉄時代に更新修繕を行っているので、グローブベンチレーター化されている。
◎モハ63＋クハ73＋モハ54
三島田町
1962 (昭和37) 年 9 月15日

大場〜伊豆仁田

伊豆仁田駅の北側、田方農業高校の北側付近、遠くに見える煙突は大場駅に隣接する工場のもの。現在は宅地化が進んだうえに伊豆縦貫自動車道が出来て、富士山は頂付近しか見えなくなっている。電車のモハ50形51は、国鉄クハ65128の戦災復旧車。
◎モハ51
大場〜伊豆仁田
1958 (昭和33) 年12月13日

原木

原木駅に到着。運転席にタブレットケースと遠くに腕木場内信号機が見えるが、駿豆線では1964（昭和39）年から自動信号化工事を進めており、原木駅を含む大場駅〜伊豆長岡駅間は1966（昭和41）年に自動信号化される。モハ51は173ページ下の写真から6年後の姿だが、1963（昭和38）年に1000系が登場すると在来車もエンジとクリーム色に塗り替えられた。
◎モハ51+クハ74+モハ58
原木
1965（昭和40）年1月2日

大仁〜牧之郷

野尻川橋梁の右岸堤防から撮影。上の写真と同じ編成で、2両目のクハ70形74は西武クハ1413の譲渡だが、出自は1939（昭和14）年製の国鉄モハ60011の戦災復旧車で、ノーシルノーヘッダー張上げ屋根・半流線形の車体を持つ。3両目のモハ50形58は、国鉄モハ30057の戦災復旧車、側面はモハ30の特徴を残しているが両運転台になり、屋根はシングルルーフになっている。
◎モハ51+クハ74+モハ58
大仁〜牧野郷
1965（昭和40）年1月2日

大仁〜牧之郷

174ページ下の写真と同じ場所。1964（昭和39）年の新幹線開業で東海道本線の特急列車は全廃となったので、余剰になった国鉄157系電車の先頭車同士を連結できるように改造し、全車座席指定急行「第1・第2伊豆」の2往復に充当された。熱海駅までは伊豆急下田行きを併結し、修善寺編成は1等車2両を含む6両編成で1969（昭和44）年まで運転されている。
◎国鉄クモハ157-4
大仁〜牧野郷
1965（昭和40）年1月2日

牧之郷駅の三島方、場内腕木信号機が見えている。国鉄戦災復旧車の編成で、両端はモハ50形で、先頭のモハ52は国鉄クハ65128の、最後尾のモハ57はモハ30031の、中間のクハ70形72は西武鉄道クハ1411の譲渡だが、国鉄モハ60109の戦災復旧車が出自。◎モハ52＋クハ72＋モハ57　大仁〜牧野郷　1965（昭和40）年1月2日

修善寺

国鉄からの乗入れ列車は「準急」が主であったが、1966(昭和41)年に100km以上を走る列車は「急行」に格上げされたので、乗入れ列車はすべて「急行」となり、1968(昭和43)年の改正で全車指定席の列車が「伊豆」、普通車自由席のある列車が「おくいず」に愛称が整理され、1975(昭和50)年3月の改正からは修善寺編成のグリーン車連結が無くなっている。◎国鉄クハ153-22　修善寺　1975(昭和50)年4月26日

いずはこねてつどうきどうせん

伊豆箱根鉄道軌道線

三島と沼津間の路面電車は、三島で電力事業を行っていた駿豆電力が、余剰電力を使って電車事業に乗り出すことになり、会社名を駿豆電気鉄道に改称し、1906（明治39）年に沼津停車場（後の沼津駅前）〜三島六反田（現・三島広小路）間を開業した。

1908（明治41）年に伊豆鉄道（現・駿豆線）と平面交差し、三島町（現・三島田町）駅まで延伸する。しかし、この区間は1912（明治45）年に伊豆鉄道を買収すると並行区間となり、1914（大正3）年に広小路（現・三島広小路）駅を開業させ沼津方面と連絡できるようになると並行区間は廃止となった。その後駿豆線が電化されると、1919（大正8）年から三島町駅まで路面電車の乗入れが開始され、1949（昭和24）年まで続けられた。

旧・東海道上に単線で線路が敷かれており13分間隔と頻発運転が行われていた。しかし、道路の整備や新型バスの登場でバス輸送の方が効率的になって来たところに、1961（昭和36）年木瀬川橋梁が流失し、沼津側はバス代行となる。その後も建設される三島バイパスの交差問題や、旧・東海道の舗装問題もあり1963（昭和38）年に全線が廃止となった。

伊豆箱根鉄道軌道線沿線地図

建設省国土地理院「1/25000地形図」
三島：昭和31年第2回修正測量
沼津：昭和31年第2回修正測量

三島広小路

開業当時は伊豆鉄道踏切の西側の東海道の道路上に三島六反田停留所があり、道路南側に車庫があった。1908(明治41)年に三島町(現・三島田町)駅まで延伸するが、当初は平面交差が認められず伊豆鉄道踏切の両側で折返し運転が行われたが、平面交差が認められて直通運転をするようになる。伊豆鉄道の合併後1914(大正3)年に駿豆線に広小路連絡所が設けられると、鉄道線と軌道線との連絡駅となる。1932(昭和7)年に東海道北側の現在地へ移転している。広小路は、江戸時代道路を広げ防火帯を設けた事から、六反田はその西側の町名だった。
◎モハ15 三島広小路 1962(昭和37)年9月15日

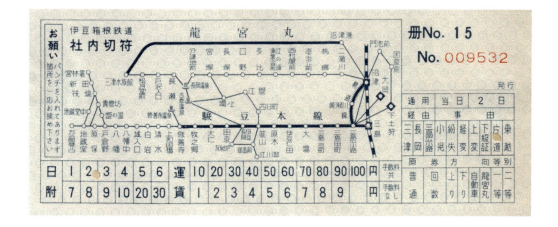

三島広小路～木町

三島広小路駅を出て90度曲がり旧・東海道を西へ進む。奥に三島広小路駅の東側にある東海バスの営業所の建物が見え、道路の中央より南側に寄った所に線路が敷かれていた。広小路商店街付近の道路は舗装されている。
◎モハ202　三島広小路～木町　1957（昭和32）年2月

長沢車庫

長沢車庫は1959(昭和34)年に駿豆線の架線電圧が600Vから1500Vに昇圧されると、それまで駿豆線に乗入れ三島田町駅にあった軌道線車庫に出入が出来なくなるために、国立病院前〜臼井産業前間の道路北側に新設された。3両×2本の車庫線と、留置線1本を有している。電車のモハ15形15〜17は、大雄山鉄道が1925(大正14)年に用意したデハ1形で、1950(昭和25)年に軌道線へ移動した。モハ200形は西武軌道線(後の都電杉並線)から1950(昭和25)年に譲渡されたもの。オープンデッキだったが入線時にデッキ部分を低いまま客室扉を設けて密閉化している。西武時代との車番対応は不明な点があり、形態は各車異なっている。
◎モハ203 201 16 長沢車庫 1962(昭和37)年9月15日

千貫樋

千貫樋は戦国時代に作られた用水で、境川を渡る区間を木製樋で越えていたが、関東大震災で倒壊し現在はコンクリート造となっている。線路がS字カーブを描いている区間で境川を渡っており、北(写真左)側に千貫樋がある。道路は未舗装だが停留所の位置だけ縁石が入れられ区別されている。
◎モハ204 千貫樋 1962(昭和37)年9月15日

国立病院前

国立病院前は1945(昭和20)年に国立三島病院が長沢に移転して開設された停留所。病院は南(写真右側)に入った所にある。1961(昭和36)年に木瀬川が流失し橋の西側の区間が不通になると、国立病院前と沼津駅前の間はバス代行とされた。
◎モハ201
国立病院前
1958(昭和33)年12月13日

臼井産業前〜木瀬川

富士山をバックに木瀬川を渡る区間。開業時は道路橋に並行して軌道の専用橋が架けられたが、後に道路併用橋の木橋に架け替えられている。1961(昭和36)年6月に水害で流失し、軌道線廃止の原因となった。
◎モハ205
臼井産業前〜木瀬川
1958(昭和33)年12月13日

平町～三枚橋

三枚橋停留所の東側、現在も同名のバス停がある。この付近の国道1号線は昭和30年代前半に拡幅され、広い道路の中央を走るようになったが、写真奥の道路が左に曲がる付近で、線路は旧道に入るために右側へ入る。三枚橋は戦国時代にあった三枚橋城が由来。ここから沼津駅前までの区間は城址にあたる。
◎モハ202　平町～三枚橋　1961（昭和36）年4月8日

沼津駅前

沼津駅前は駅前広場の西側にあった。右側奥の建物が1953（昭和28）年に民衆駅として建替えられた国鉄沼津駅駅舎、電車の背後に跨線テルハ（ホーム移動用の荷物用台車を、ホーム間を列車の上を移動して隣のホームへ運ぶ装置）が見えている。13分間隔の表示があるが、戦前はパラ運転を行っていて走行速度が速かったため12分間隔だった。戦時中の節電のためパラ運転が禁止されてから運転間隔が伸びている。
◎モハ17　沼津駅前　1957（昭和32）年2月

いずきゅうこう

伊豆急行

　伊豆半島は東京から近かったが、険しい地形ゆえ鉄道や道路建設は進んでいなかった。伊豆半島の観光地開発を進めるために、1956（昭和31）年に伊豆下田電気鉄道の計画が発表され、伊東〜下田間45.7kmの鉄道建設が始まる。

　伊豆半島の東海岸は海岸線まで山が迫り、全線の1／3以上がトンネル、橋梁という難工事となったが、東京急行電鉄の全面的なバックアップで着工から20カ月と短期間で工事を終了し、1961（昭和36）年12月10日に、伊東駅〜伊豆急下田駅が開業した。

　開業は国鉄伊東線と相互乗入れを行い、国鉄車両が伊豆急下田駅へ、伊豆急行車両が熱海駅へ乗入れ運転され、高度成長期の波に乗り東伊豆地方は観光地開発が盛んに行われていく。

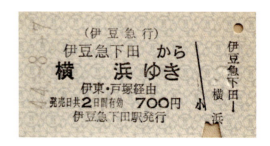

熱海

伊豆急行線は国鉄伊東線と相互乗入れ運転を行い、熱海駅上りホームを切欠いて設けられた伊東線ホームまで伊豆急車両が3往復乗入れており、半室1等車のサロハ180形が4両目に組込まれている。このあと山側で新幹線工事が始まり、熱海駅のホームも改められている。
◎モハ101　熱海　1962（昭和37）年9月15日

186

伊豆急行沿線地図①

建設省国土地理院「1/50000地形図」
伊東：昭和37年資料修正

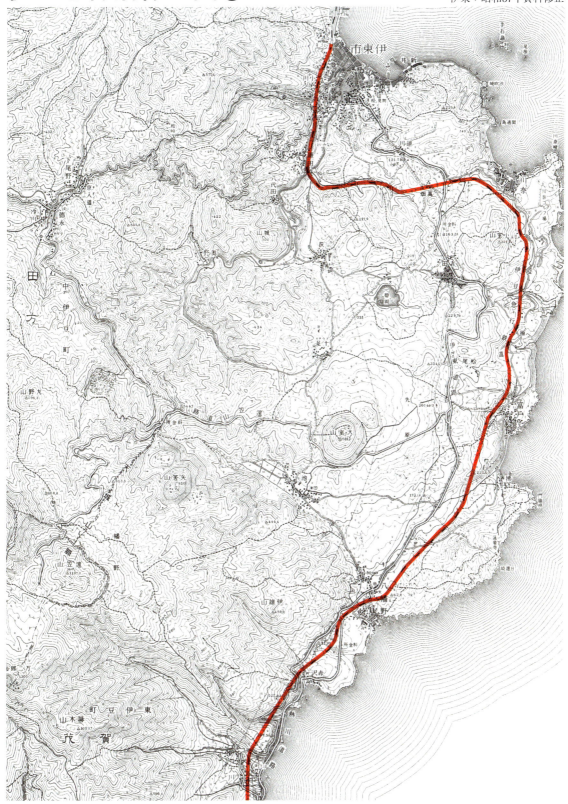

伊豆急行沿線地図②

建設省国土地理院「1/50000地形図」
稲取：昭和38年資料修正

相

模

伊豆急行沿線地図③

建設省国土地理院「1/50000地形図」
下田：昭和38年資料修正

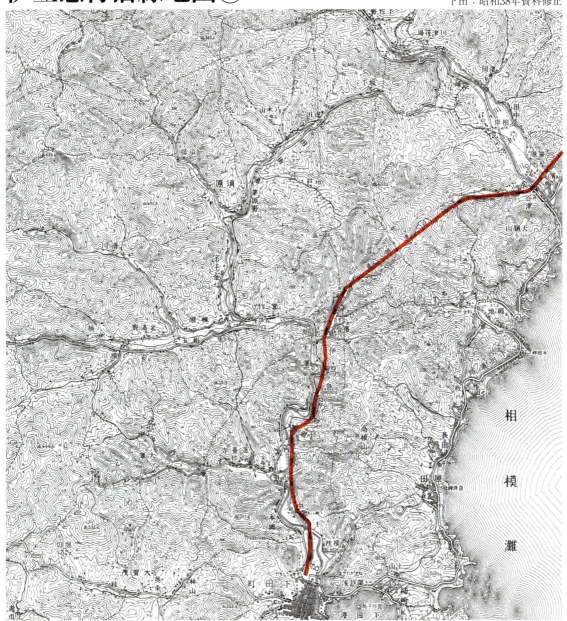

南伊東

開業直後の南伊東駅。伊東市街地を避けるため、伊東駅から街西側の山間をトンネルで抜けて南伊東駅へ出る。開業用に100系電車は22両が製造され、クモハ100形101～104は両運転台となっている。
◎モハ103　南伊東　1961（昭和36）年12月16日

伊豆高原~伊豆大川

伊豆高原駅~伊豆大川駅間の草崎川橋梁、旧道からの撮影だが、海岸線沿いに1960（昭和35）年に熱川道路（国道135号線）が開通している。伊豆急行の開業で東京駅から準急「伊豆」「おくいず」のほか、普通電車も乗入れるようになった。準急は153系電車で運転されたが、普通電車は1963（昭和38）年に113系電車に置換えられる前は、80系電車で運転されていた。5両目に1等車が連結されている。
◎国鉄80系　伊豆高原~伊豆大川　1962（昭和37）年2月4日

伊豆急下田

伊豆急下田駅構内の蓮台寺1号踏切から。伊豆急下田駅は下田の街北側の水田地帯に設けられ、同時期に下田の街を迂回する国道バイパスも開通し、弓ケ浜・石廊崎へ向けてバスターミナルも整備されている。電車の100系は53両製造されたが、その中でサントリーの協力で誕生した食堂車「スコールカー」があったが伊東線への乗入れが出来なかったこともあり長続きせず、普通車のサハ191に改造されて2両目に連結されている。3両目はグリーン車のサロ180形で、伊豆急行線内は1986（昭和61）年までグリーン車の営業を行っていた。
◎モハ122　伊豆急下田　1981（昭和56）年1月6日

稲梓

河津駅から谷津トンネルを抜けて稲梓駅に入り、稲生沢川沿いに伊豆急下田駅へ向かう。開業直後の伊豆急行線は電車が不足していたため、線内の普通電車用に東急3600系電車4両が貸し出されて運用された。当初は東急色で、後に伊豆急色に塗り替えられたが、1965（昭和40）年までに返却されている。写真のデハ3608は両運転台に改造され、線内の荷物電車や貨物列車の牽引にも使われていた。
◎東急デハ3608　稲梓　1961（昭和36）年12月16日

J. Wally Higgins（ジェイ・ウォーリー・ヒギンズ）

1927（昭和2）年、合衆国ニュージャージー州生まれ。父が勤めていたリーハイバレー鉄道（ニューヨークとバッファローを結ぶ運炭鉄道）の沿線に生家があり、母と一緒に汽車を眺めたのが鉄道趣味の始まりだった。

大学卒業後、アメリカ空軍に入隊。1956（昭和31）年、駐留米軍軍属として来日、1年の任期後約2か月間で全国を旅し、日本の鉄道にはまってしまう。1958（昭和33）年、再来日。それ以降、全国の鉄道を撮りに出かけるようになる。1962（昭和37）年からは帰国する友人の仕事を引き継ぎ、国鉄国際部の仕事を手伝うようになり、現在もJR東日本の国際事業本部顧問を務める。

氏は、鉄道の決めのポーズや形式写真には後々の保存性を考え大判の白黒フィルムを用いた。しかし、友人たちに伝える日本の風俗や風景（もちろん鉄道も含むが）のようなスナップ的な写真にはコダクロームを用いている。理由は、当時基地内で購入・現像できたので、一番安価だったとのこと。

今回のシリーズは、それらカラーポジから私鉄各社を抜き出したものである。

【写真解説】
安藤 功（あんどういさお）

1963（昭和38）年生まれ。
NPO法人名古屋レール・アーカイブス理事。
国鉄最終日に国鉄線全線完乗。現在は全国の駅探訪を進め、残り数百駅ほど。

NPO法人名古屋レール・アーカイブス（略称NRA）

貴重な鉄道資料の散逸を防ぐとともに、鉄道の意義と歴史を正しく後世に伝えることを目的に、2005（平成17）年に名古屋市で設立。2006（平成18）年にNPO法人認証。所蔵資料の考証を経て報道機関や出版社、研究者などに提供するとともに、展示会の開催や原稿執筆などを積極的に行う。本書に掲載したヒギンズさんの写真は、すべてNRAで所蔵している。

ヒギンズさんが撮った
甲信越・伊豆の私鉄
コダクロームで撮った1950～70年代の沿線風景

発行日…………………2025年5月5日　第1刷　※定価はカバーに表示してあります。

著者………………………（写真）J. Wally Higgins　（解説）安藤 功
発行者……………………春日俊一
発行所……………………株式会社アルファベータブックス
　　　　　　　　　　〒102-0072　東京都千代田区飯田橋 2-14-5　定谷ビル
　　　　　　　　　　TEL. 03-3239-1850　FAX.03-3239-1851
　　　　　　　　　　https://alphabetabooks.com/

編集協力…………………株式会社フォト・パブリッシング
デザイン・DTP………柏倉栄治
印刷・製本………………株式会社サンエー印刷

この印刷物は環境に配慮し、地産地消・輸送マイレージに配慮したライスインキを使用しているバイオマス認証製品です。

ISBN978-4-86598-919-9　C0026
なお、無断でのコピー・スキャン・デジタル化等の複製は著作権法上での例外を除き、著作権法違反となります。